晓莉带你突破
英语发音

郑小俐 编著

本书内容分为两个部分。第一部分为“英语语音完全突破”，此部分系统、全面地呈现了国际音标的基础知识（48 个国际音标的发音要领）和各种语音现象（连读、失去爆破、弱读、击穿、缩读、单词中字母的特殊发音、浊化、语音语调、意群、英式英语发音与美式英语发音的区别），并且提供了发音示范；第二部分为“英语听说演练”（包括“基础训练”和“实战演练”），此部分选用经典美剧素材，话题丰富多样，内容由易到难，讲练结合，能帮助学习者循序渐进地掌握发音技巧，进而全面提升英语听说能力。

本书作者长期致力于英语语音教学，语音训练方法新颖独到，而她长期坚持的讲解与示范相结合、边学边练的方式已在实践中被证明是极为高效的英语语音学习方法，能为英语学习者的语音提升助力。

图书在版编目（CIP）数据

晓莉带你突破英语发音 /郑小俐编著. —北京：机械工业出版社，2022.6
（晓莉英语）
ISBN 978-7-111-70811-7

Ⅰ.①晓… Ⅱ.①郑… Ⅲ.①英语-发音-自学参考资料
Ⅳ.①H311

中国版本图书馆 CIP 数据核字（2022）第 084771 号

机械工业出版社（北京市百万庄大街 22 号　邮政编码 100037）
策划编辑：尹小云　　　　责任编辑：尹小云
责任校对：张若男　　　　责任印制：李　昂
北京联兴盛业印刷股份有限公司印刷

2022 年 7 月第 1 版・第 1 次印刷
169mm×239mm・14.75 印张・278 千字
标准书号：ISBN 978-7-111-70811-7
定价：58.00 元

电话服务　　　　　　　　网络服务
客服电话：010-88361066　　机　工　官　网：www.cmpbook.com
　　　　　010-88379833　　机　工　官　博：weibo.com/cmp1952
　　　　　010-68326294　　金　书　网：www.golden-book.com
　　机工教育服务网：www.cmpedu.com

使用说明

1 精讲48个国际音标，均提供发音示范音频

2 音标分类

3 呈现口型图和舌位图

4 讲解发音要领

5 例词和例句均提供音标、释义和示范音频

6 结合实例对易混音标进行辨析

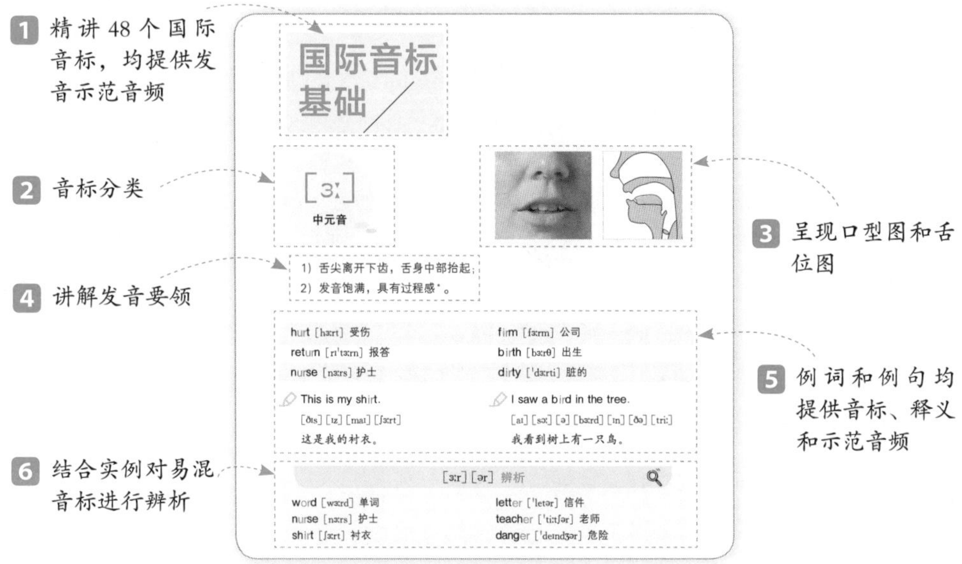

国际音标基础

[ɜː]

中元音

1）舌尖离开下齿，舌身中部抬起；
2）发音饱满，具有过程感*。

hurt [hɜːrt] 受伤
return [rɪˈtɜːrn] 报答
nurse [nɜːrs] 护士
firm [fɜːrm] 公司
birth [bɜːrθ] 出生
dirty [ˈdɜːrti] 脏的

This is my shirt.
[ðɪs] [ɪz] [maɪ] [ʃɜːrt]
这是我的衬衣。

I saw a bird in the tree.
[aɪ] [sɔː] [ə] [bɜːrd] [ɪn] [ðə] [triː]
我看到树上有一只鸟。

[ɜːr] [ər] 辨析

word [wɜːrd] 单词
nurse [nɜːrs] 护士
shirt [ʃɜːrt] 衬衣
letter [ˈletər] 信件
teacher [ˈtiːtʃər] 老师
danger [ˈdeɪndʒər] 危险

7 介绍连读、失去爆破、弱读、击穿、缩读、浊化、语调节奏等语音现象

8 细致讲解发音规则和语音现象

9 示例均提供音标、释义和发音示范

10 特别提醒需要注意的事项

11 对发音规则和语音现象进行总结

语音现象

1 完全失去爆破

[p]、[b]、[t]、[d]、[k]、[g]当中的任意两个爆破音在一起时，前一个只做口型而不发音。这种情形即完全失去爆破。

hard times [hɑːrd] [taɪmz] 困难时期
hot bed [hɑːt] [bed] 温床
black tea [blæk] [tiː] 红茶
big kite [bɪg] [kaɪt] 大风筝
red coat [red] [koʊt] 红色的外套
old picture [oʊld] [ˈpɪktʃər] 老照片

My favorite program is *The Road to Music*.
[maɪ] [ˈfeɪvərɪt] [ˈproʊgræm] [ɪz] [ðə] [roʊd] [tə] [ˈmjuːzɪk]
我最喜欢的节目是《音乐之路》。

Have you read today's newspaper? [hæv] [jə] [red] [təˈdeɪz] [ˈnuːzpeɪpər]
你看过今天的报纸了吗?

注意

完全失去爆破也会出现在单个单词中*。

blackboard [ˈblækbɔːrd] 黑板
empty [ˈempti] 空的
football [ˈfʊtbɔːl] 足球
handbag [ˈhændbæg] 手提包
goodbye [gʊdˈbaɪ] 再见
doctor [ˈdɑːktər] 医生

"连读"小结

连读	分类
辅+元	辅音+元音
元+元	[uː]/[ʊ]+[w]+元音 [iː]/[ɪ]+[j]+元音
辅+辅	叠读 音变 [t]+[j]→[tʃ] [d]+[j]→[dʒ] 失去爆破

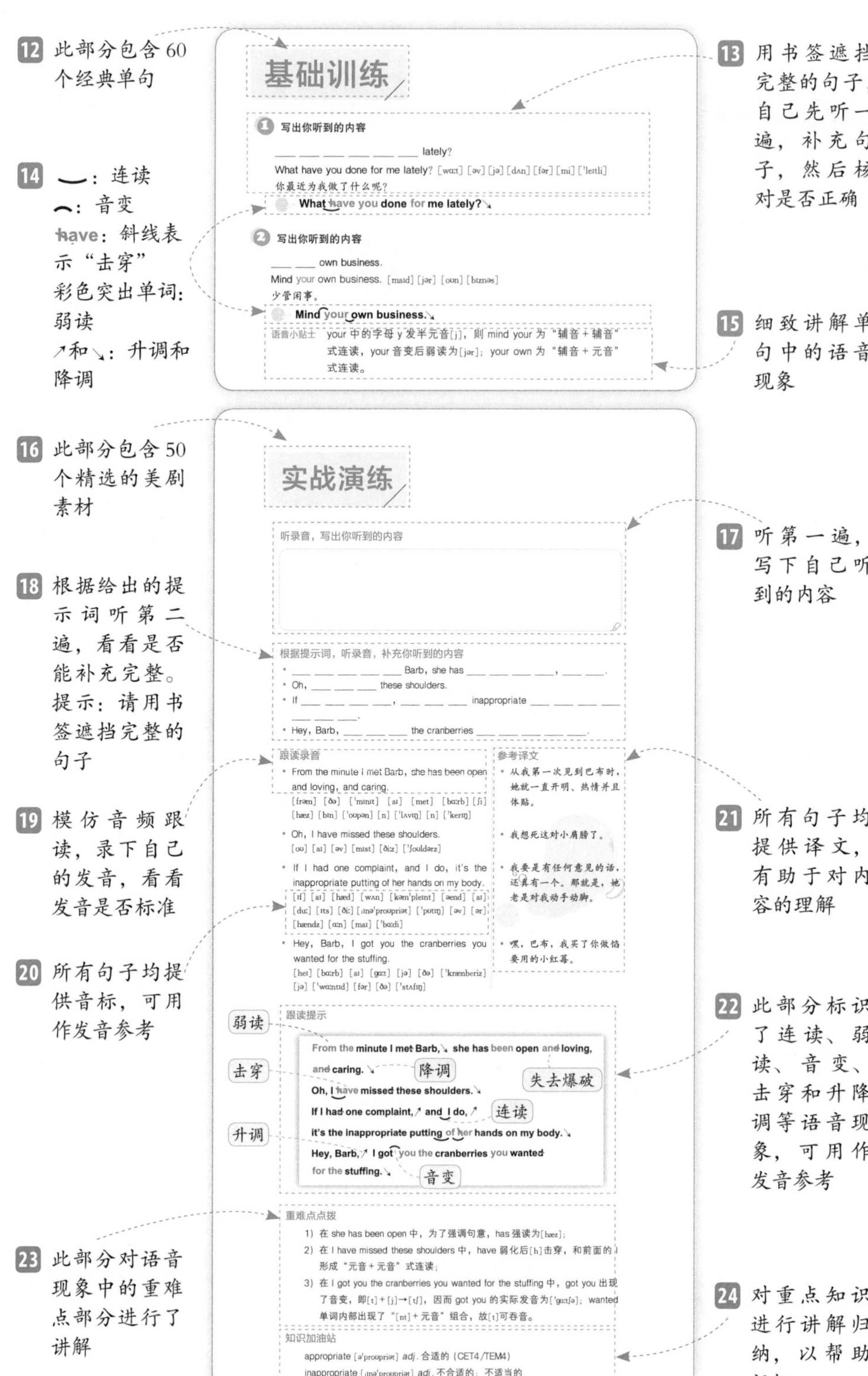
12 此部分包含60个经典单句
基础训练
13 用书签遮挡完整的句子，自己先听一遍，补充句子，然后核对是否正确
1 写出你听到的内容
___ ___ ___ ___ ___ ___ lately?
What have you done for me lately? [wɑːt] [əv] [jə] [dʌn] [fər] [mi] ['leɪtli]
你最近为我做了什么呢？
What have you done for me lately?↘
14 ‿：连读
⌒：音变
have：斜线表示"击穿"
彩色突出单词：弱读
↗和↘：升调和降调
2 写出你听到的内容
___ ___ own business.
Mind your own business. [maɪd] [jər] [oʊn] [bɪznəs]
少管闲事。
Mind your own business.↘
语音小贴士 your 中的字母 y 发半元音[j]，则 mind your 为"辅音 + 辅音"式连读，your 音变后弱读为[jər]；your own 为"辅音 + 元音"式连读。
15 细致讲解单句中的语音现象
16 此部分包含50个精选的美剧素材
实战演练
听录音，写出你听到的内容
17 听第一遍，写下自己听到的内容
18 根据给出的提示词听第二遍，看看是否能补充完整。提示：请用书签遮挡完整的句子
根据提示词，听录音，补充你听到的内容
• ___ ___ ___ ___ ___ Barb, she has ___ ___ ___ ___, ___ ___.
• Oh, ___ ___ ___ ___ these shoulders.
• If ___ ___ ___ ___, ___ ___ ___ inappropriate ___ ___ ___ ___ ___ ___ ___.
• Hey, Barb, ___ ___ ___ the cranberries ___ ___ ___ ___ ___.
跟读录音
• From the minute I met Barb, she has been open and loving, and caring.
[frəm] [ðə] ['mɪnɪt] [aɪ] [met] [bɑːrb] [ʃi] [hæz] [bɪn] ['oʊpən] [n] ['lʌvɪŋ] [n] ['kerɪŋ]
• Oh, I have missed these shoulders.
[oʊ] [aɪ] [əv] [mɪst] [ðiːz] ['ʃoʊldərz]
• If I had one complaint, and I do, it's the inappropriate putting of her hands on my body.
[ɪf] [aɪ] [hæd] [wʌn] [kəm'pleɪnt] [ænd] [aɪ] [duː] [ɪts] [ðiː] [ˌɪnə'proʊpriət] ['pʊtɪŋ] [əv] [ər] [hændz] [ɑːn] [maɪ] ['bɑːdi]
• Hey, Barb, I got you the cranberries you wanted for the stuffing.
[heɪ] [bɑːrb] [aɪ] [ɡɑːt] [jə] [ðə] ['krænberiz] [jə] ['wɑːntɪd] [fər] [ðə] ['stʌfɪŋ]
参考译文
• 从我第一次见到巴布时，她就一直开明、热情并且体贴。
• 我想死这对小肩膀了。
• 我要是有任何意见的话，还真有一个。那就是，她老是对我动手动脚。
• 嘿，巴布，我买了你做馅要用的小红莓。
19 模仿音频跟读，录下自己的发音，看看发音是否标准
20 所有句子均提供音标，可用作发音参考
21 所有句子均提供译文，有助于对内容的理解
跟读提示
From the minute I met Barb,↘ she has been open and loving,
and caring.↘
Oh, I have missed these shoulders.↘
If I had one complaint,↗ and I do,↗
it's the inappropriate putting of her hands on my body.↘
Hey, Barb,↗ I got you the cranberries you wanted
for the stuffing.↘
弱读
击穿
升调
降调
失去爆破
连读
音变
22 此部分标识了连读、弱读、音变、击穿和升降调等语音现象，可用作发音参考
重难点点拨
1）在 she has been open 中，为了强调句意，has 强读为[hæz]；
2）在 I have missed these shoulders 中，have 弱化后[h]击穿，和前面的 I 形成"元音 + 元音"式连读；
3）在 I got you the cranberries you wanted for the stuffing 中，got you 出现了音变，即[t] + [j]→[tʃ]，因而 got you 的实际发音为['ɡɑːtʃə]；wanted 单词内部出现了"[nt] + 元音"组合，故[t]可吞音。
23 此部分对语音现象中的重难点部分进行了讲解
知识加油站
appropriate [ə'proʊpriət] adj. 合适的（CET4/TEM4）
inappropriate [ˌɪnə'proʊpriət] adj. 不合适的；不适当的
24 对重点知识进行讲解归纳，以帮助记忆

序 言

Preface

我出生在湖南的一个偏远山村，小时候父母就告诉我，改变人生的唯一途径就是刻苦读书。我做到了：我从小就品学兼优。2011 年，我参加了全国硕士研究生入学统一考试，当时英语考了 80 分（同年清华大学管理学专业英语复试分数线为 50 分）。我以为自己的英文不错，但当我第一次与外国人交流时，才发现我的口语水平几乎为零。对方说的话我听不懂，我说的话对方也听不懂。此时我才意识到，原来自己以前在学校学的口语和实际交流中外国人的讲话完全不是一回事。从那以后，我决定开始跟着美剧练口语，每天听着英文入睡，早晨跟着美剧大声朗读。几年之后，我的口语进步很大，但还是有些不得要领，语速跟不上，发音的感觉也还是有差别。

2017 年，我考入了香港中文大学，认识了对我英语学习影响最大的美国老师 Laura。Laura 对语音现象有着深入的研究，她告诉我，如果口语满分为 10 分，我可以得 8 分；但如果我想达到 10 分，就必须从头开始系统地学习音标。我的口语“症结”在于受到了太多中文的影响。比如，英文中 leave 和 live 的发音质感和方式完全不同，但是我发出的音听上去却只有长短的区别。再如，[ʊ]和[uː]之间的差异并非只是中文中的短“乌”与长“乌”。读英文句子时，除了需要注意连读、失去爆破等语音现象之外，还需要把握句子的节奏、重音等。2017 年，我考完托福、BEC（剑桥商务英语考试）高级后，又重新开始了音标学习，并且努力研究外国人的发音方式。“功夫不负有心人”，通过 5 个月的勤学苦练，随着一点一滴的改变，我的英语发音有了质的提升。在一次次的现场翻译中，总会有外国朋友问我是不是从小就在美国长大的。

2018 年，我开始在网络平台上发布一些英文短视频，并很快收获了 600 万粉丝。每天都会有大量粉丝对我说：“晓莉，你的发音是如何做到如此地道的？教教我吧。”于是，我决定把自己的学习心得写出来。

但是，从开始构思到最终写成一本书，确实需要太多的时间和精力。我力争做到完美：既要确保语音知识完整系统，又要让学生能够轻松学会。

在我的这本书中，我把学习内容分成了两大部分：第一部分是**英语语音完全突破**，包括国际音标基础和各种语音现象的系统讲解；第二部分是**英语听说演练**，这部分由易到难，包括单句和情景对话演练。为了确保大家轻松学会英语语音知识，将每个单词都发得地道、标准，我在**国际音标基础**部分不仅细致讲解了各音标的发音要领，提供了各音标的口腔内部图及真人发音口型图，还为所有例词及例句提供了音标及音频，这样大家就可以在学习过程中尝试自己对照音标练习及跟读模仿练习。而在**语音现象**讲解部分，我不仅对各种发音规则进行了细致的讲解，而且结合自己在学习过程中的心得体会对重难点知识进行了梳理。在**英语听说演练**部分，我更多是结合自己多年的学习和教学经验，从经典的美剧中精心挑选了一些具有代表性的单句和情景对话，将前面讲解的理论知识融合在这些句子和对话中，让大家能学以致用，让自己的单词及句子发音都能有质的飞跃。同样，在这个部分，我也提供了所有句子的音标及音频，供大家练习及模仿跟读，从而逐步熟悉各种语音知识并最终实现自如运用。

这本书的诞生实在是花费了太多时间。每天都有很多学生给我发私信，问我到底什么时候可以完成。非常感谢大家的等待和厚爱，你们的信任是我对书稿进行反复修改及雕琢的动力。在此，我要特别感谢我的英语老师 Laura！在我撰写书稿的过程中，Laura 给予了我极大的支持，一次又一次地和我讨论每个音的口型、舌位及每种发音现象出现的原因。

最后，我希望，拿到这本书的你，一定要坚持学习。记得每天对着镜子、按照书中的讲解和口型示范，大声地练习，逐步练好每个词、每个句子的发音。期待你的华丽蜕变！

晓莉老师

目 录
Contents

Part 02 英语听说演练

Chapter Ⅰ 基础训练 …… 104

Chapter Ⅱ 实战演练 …… 125

PART 01

Chapter I
国际音标基础

Chapter II
语音现象

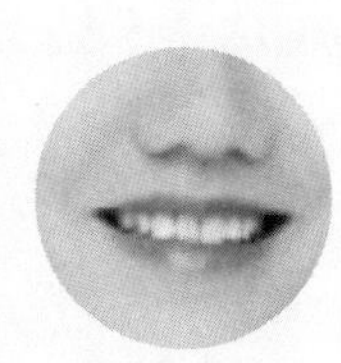

晓莉

带你突破
英语发音

英语语音
完全突破

国际音标基础

元音的分类

单元音 12 个

[iː] [ɪ] [e] [æ] [ə] [ʌ]

[ɜː] [ɑː] [ɔː] [ɒ] [uː] [ʊ]

双元音 8 个

[aɪ] [eɪ] [aʊ] [əʊ] [ɔɪ] [ɪə]

[eə] [ʊə]

辅音的分类

清辅音 11 个

[p] [t] [k] [f] [s] [θ]

[ʃ] [tʃ] [tr] [ts] [h]

浊辅音 17 个

[b] [d] [g] [v] [z] [ð]

[ʒ] [dʒ] [dr] [dz] [r] [n]

[m] [ŋ] [l] [w] [j]

Chapter I

Unit 01

元音——前元音

单元音根据口腔发力位置不同分为前元音、中元音与后元音。

前元音

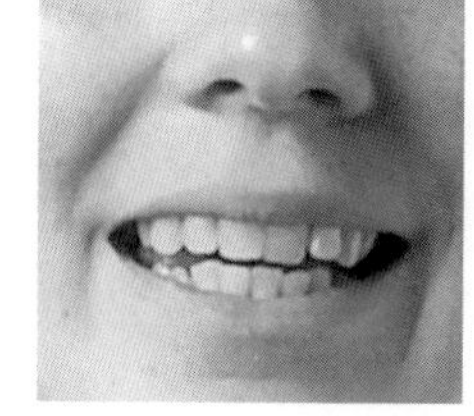

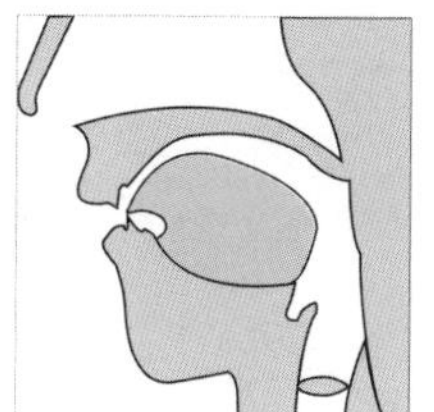

1）上下唇微微张开，上下齿分开；
2）舌尖稍微抵住下齿；
3）咧开嘴，牵动脖子；
4）然后振动声带*。

meat [mi:t] 肉	need [ni:d] 需要
teacher ['ti:tʃər]** 老师	meet [mi:t] 见面
speak [spi:k] 说话	pee [pi:] 小便
cheap [tʃi:p] 便宜的	me [mi:] 我
keep [ki:p] 保持	she [ʃi:] 她

Let's eat out tonight!
[lets] [i:t] [aʊt] [tə'naɪt]
咱们今晚去外面吃吧！

Please sit on the seat.
[pli:z] [sɪt] [ɑ:n] [ðə] [si:t]
请坐在座位上。

---

* [i:]这个音对中国学生来说并不难发，因为它有点像中文中的“衣”，但是一定要记住，发[i:]时要发到位，嘴要使劲往两边咧开，口腔肌肉是紧张的（[i:]也被叫作“紧元音”）。

** 本书中音标采用美式发音标注方式。

[ɪ]

前元音

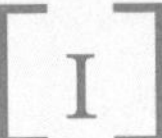

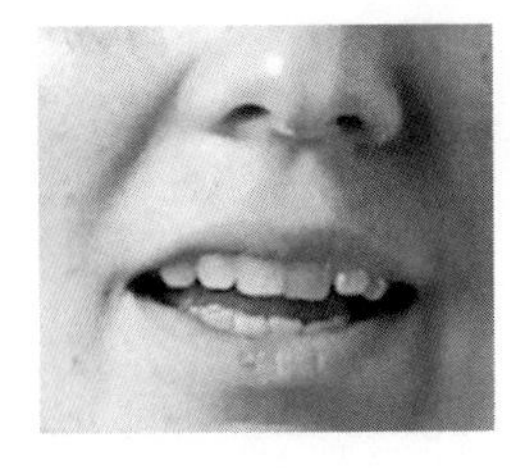

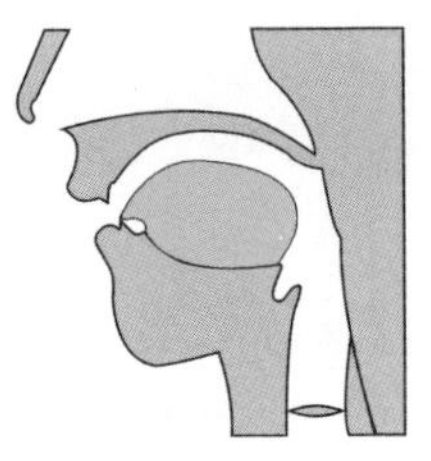

1）上下唇及上下齿要比发[iː]时略微张开一点；
2）双唇扁平，嘴角两旁的肌肉要比发[iː]时放松；
3）舌尖放在下齿处，声带振动；
4）嘴角放松，轻轻弹出*。

sit [sɪt] 坐	picture [ˈpɪktʃər] 图片
big [bɪg] 大的	mix [mɪks] 混合
list [lɪst] 清单	minute [ˈmɪnɪt] 分钟
miss [mɪs] 错过	kid [kɪd] 孩子

Sit down, please.
[sɪt] [daʊn] [pliːz]
请坐。

My lips are big and thick.
[maɪ] [lɪps] [ɑːr] [bɪg] [ænd] [θɪk]
我的嘴唇又大又厚。

[iː] [ɪ] 辨析

eat [iːt] 吃	it [ɪt] 它
heat [hiːt] 热	hit [hɪt] 打
sheep [ʃiːp] 绵羊	ship [ʃɪp] 船
seat [siːt] 座位	sit [sɪt] 坐

注意 [iː]与[ɪ]的本质区别不在于音的长短，而在于发音方式不同。发[iː]时，嘴使劲往两边咧开，口腔肌肉紧张，因此[iː]又叫“紧元音”。发[ɪ]时，口腔肌肉放松，因此[ɪ]又叫“松元音”。

* [ɪ]是很多中国学生发不好的音，因为在中文中没有与之对应的音。[ɪ]并非只是比[iː]的音短一点。事实上，两者发音时的感觉是完全不同的。如果觉得发这个音有困难，可以想想军训时教官喊的口号“一二一”中的“一”，发[ɪ]时的感觉与喊“一”时的感觉类似。发[ɪ]时，口腔肌肉是放松的（[ɪ]也被叫作“松元音”）。

[e]

前元音

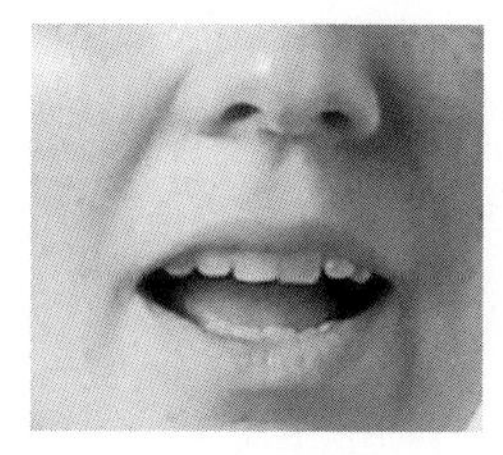

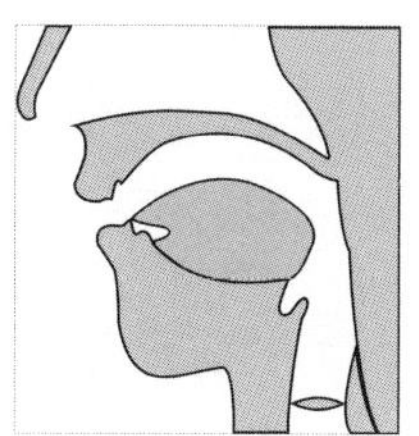

1）上下唇及上下齿比发[ɪ]时再张开一些；
2）舌头平放，舌尖轻触下齿；
3）发音干脆。

egg [eg] 鸡蛋	lesson ['lesn] 课
bed [bed] 床	settle ['setl] 定居
best [best] 最好的	let [let] 让
better ['betər] 更好的	red [red] 红色

Let it go.
[let] [ɪt] [goʊ]
随风而逝吧。

East or west，home is the best.
[iːst] [ɔːr] [west] [hoʊm] [ɪz] [ðə] [best]
金窝银窝，不如自己的狗窝。

[e] [ɪ] 辨析

bed [bed] 床	bid [bɪd] 投标
letter ['letər] 信	litter ['lɪtər] 垃圾
lever ['levər] 杠杆	liver ['lɪvər] 肝脏
mess [mes] 混乱	miss [mɪs] 错过

[æ]

前元音

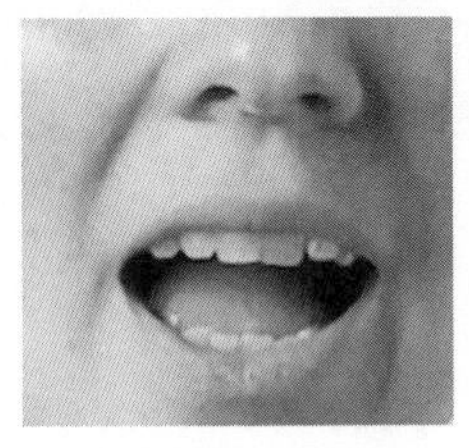

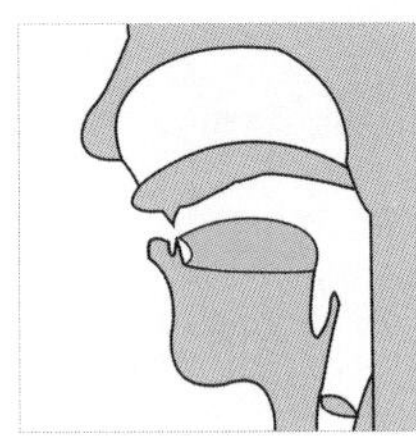

1）又称“蝴蝶音”或“梅花音”；
2）压紧嗓子，张大嘴，挤、弹；
3）张大嘴，使下巴尽量往下拉，嘴角肌肉也会绷紧；
4）舌尖接触下齿，能看到舌面。

map [mæp] 地图	hat [hæt] 帽子
bad [bæd] 坏的	mad [mæd] 疯狂的
back [bæk] 后背	man [mæn] 男人
hand [hænd] 手	dad [dæd] 父亲

Dad, are you mad?
[dæd] [ɑːr] [juː] [mæd]
爸爸，你生气了吗？

Where did you put my black jacket?
[wer] [dɪd] [juː] [pʊt] [maɪ] [blæk] [ˈdʒækɪt]
你把我的黑色夹克放在哪里了？

[e] [æ] 辨析

beg [beg] 乞求	bag [bæg] 袋子
lend [lend] 借出	land [lænd] 土地
bed [bed] 床	bad [bæd] 坏的
said [sed] 说	sad [sæd] 悲伤的

Unit 02

元音——中元音

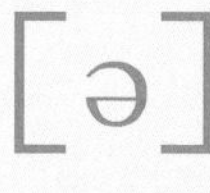

中元音

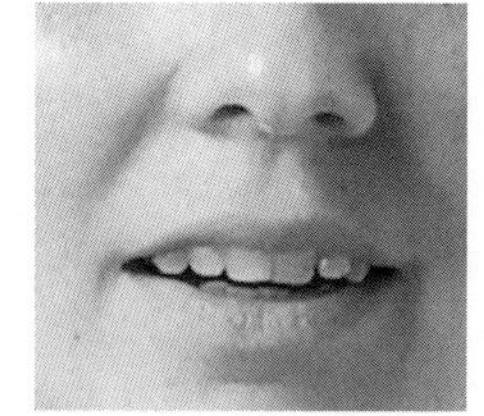

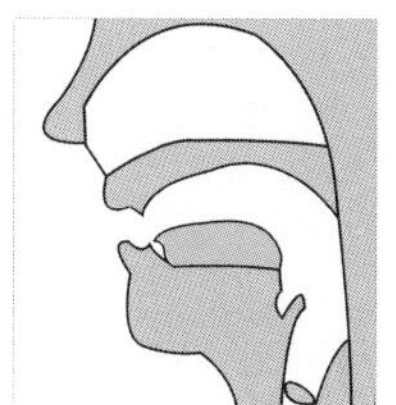

1）发音类似中文中的“饿”；

2）永不重读，发音放松。

ability [ə'bɪləti] 能力	about [ə'baʊt] 关于
above [ə'bʌv] 上面	allow [ə'laʊ] 允许
elephant ['eləfənt] 大象	polite [pə'laɪt] 礼貌的
bacon ['beɪkən] 培根	Europe ['jʊrəp] 欧洲
solution [sə'luːʃn] 方案	

注意　[ə]仅出现在有两个（或以上）音节单词的非重音部分。

He is a teacher.

[hi]* [ɪz] [ə] ['tiːtʃər]

他是一名老师。

Give me a cup of tea.

[gɪv] [mi] [ə] [kʌp] [əv] [tiː]

给我一杯茶。

* 大家会发现人称代词 we，he，she，me 等在单词和句子中的音标标注会有所不同：单词中依次标注为[wiː]，[hiː]，[ʃiː]，[miː]，而句子中依次标注为[wi]，[hi]，[ʃi]，[mi]。原因在于：我们读单词时发的是完整的标准音，而代词在句子中往往会轻读，因而不需要将音拖得很长。

弱读*

[ə]是单元音中发音最轻松的一个，一张口就能发出。因而，在英语口语表达中，往往把虚词中的其他元音弱读为[ə]。例如：

a	[eɪ]	[ə]
the	[ðiː]	[ðə]
can	[kæn]	[kən]
to	[tuː]	[tə]
that	[ðæt]	[ðət]

英美差异

1）在美式发音中，如果单词中发[ə]音的字母或字母组合后有字母 r，发音时要加上卷舌音[r]，读作[ər]；

2）发[ər]音时，先发[ə]，再卷舌即可**。

letter ['letər]（美）	['letə]（英）	信件
teacher ['tiːtʃər]（美）	['tiːtʃə]（英）	老师
father ['fɑːðər]（美）	['fɑːðə]（英）	父亲
mother ['mʌðər]（美）	['mʌðə]（英）	母亲
nature ['neɪtʃər]（美）	['neɪtʃə]（英）	自然
future ['fjuːtʃər]（美）	['fjuːtʃə]（英）	未来
picture ['pɪktʃər]（美）	['pɪktʃə]（英）	图片
signature ['sɪgnətʃər]（美）	['sɪgnətʃə]（英）	签名

注意

[ər]仅出现在有两个（或以上）音节单词的非重音部分。

* 在后面的“语音现象”部分，我还会专门讲到“弱读”。在英语中主要起语法作用、不传递重要信息的虚词会出现弱读现象。所谓弱读，就是将发音比较重的其他元音变成发音最轻松的[ə]。

** 在美式发音中，只要有字母 r，就会出现卷舌音（在美式英语中，卷舌音经常出现）。

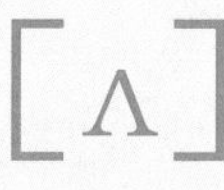

[ʌ]

中元音

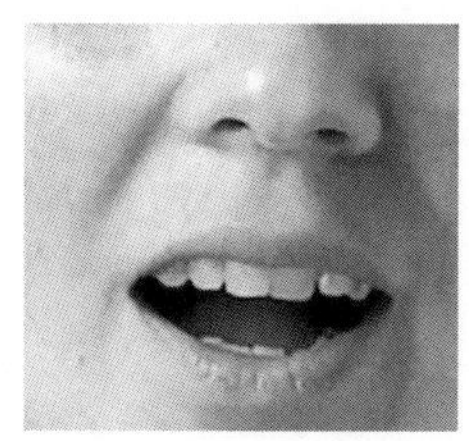

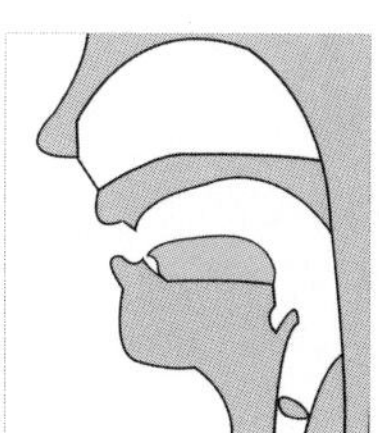

1）上下唇齿微张；
2）口型介于[ɑː]和[ə]之间；
3）面部肌肉放松；
4）发音干脆。

fun [fʌn] 有趣的	love [lʌv] 爱
cup [kʌp] 杯子	come [kʌm] 来
bus [bʌs] 公交车	color [ˈkʌlər] 颜色
luck [lʌk] 好运	nothing [ˈnʌθɪŋ] 没事
but [bʌt] 但是	mother [ˈmʌðər] 妈妈

The bus is coming.
[ðə] [bʌs] [ɪz] [ˈkʌmɪŋ]
公交车来了。

This is my mother.
[ðɪs] [ɪz] [maɪ] [ˈmʌðər]
这是我妈妈。

[ɜː]

中元音

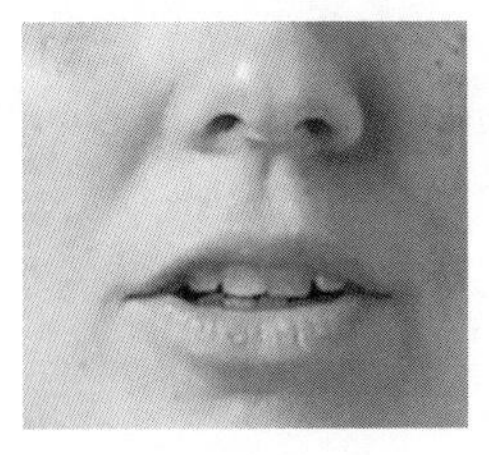
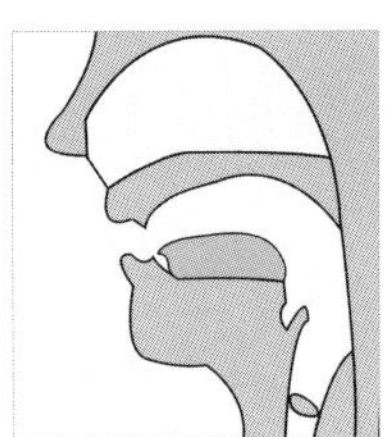

1）舌尖离开下齿，舌身中部抬起；

2）发音饱满，具有过程感*。

hurt [hɜːrt] 受伤	firm [fɜːrm] 公司
return [rɪˈtɜːrn] 报答	birth [bɜːrθ] 出生
nurse [nɜːrs] 护士	dirty [ˈdɜːrti] 脏的
purse [pɜːrs] 钱包	sir [sɜːr] 先生
girl [gɜːrl] 女孩	learn [lɜːrn] 学习
shirt [ʃɜːrt] 衬衣	earn [ɜːrn] 赚取
skirt [skɜːrt] 裙子	earth [ɜːrθ] 地球
bird [bɜːrd] 鸟	research [riˈsɜːrtʃ] 研究

注意

[ɜːr]仅出现在只有单音节或者有两个（或以上）音节单词的重读音节中。

This is my shirt.

[ðɪs] [ɪz] [maɪ] [ʃɜːrt]

这是我的衬衣。

I saw a bird in the tree.

[aɪ] [sɔː] [ə] [bɜːrd] [ɪn] [ðə] [triː]

我看到树上有一只鸟。

[ɜːr] [ər] 辨析

word [wɜːrd] 单词	letter [ˈletər] 信件
nurse [nɜːrs] 护士	teacher [ˈtiːtʃər] 老师
shirt [ʃɜːrt] 衬衣	danger [ˈdeɪndʒər] 危险
bird [bɜːrd] 鸟	future [ˈfjuːtʃər] 未来

* 单词中发[ɜː]的字母或字母组合后面往往跟着字母 r，此时英式发音为[ɜː]，美式发音为[ɜːr]（注意：卷舌音也要发出，先发[ɜː]，再发[r]）。

Unit 03

元音——后元音

[ɑː]

后元音

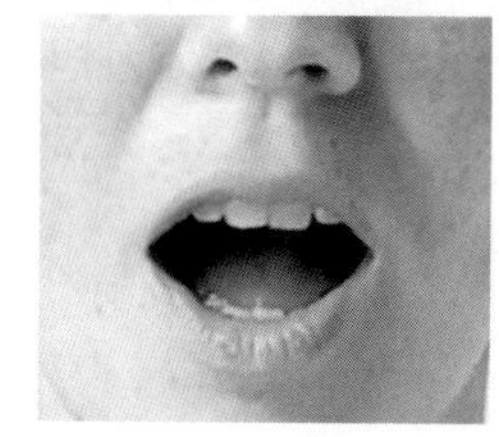

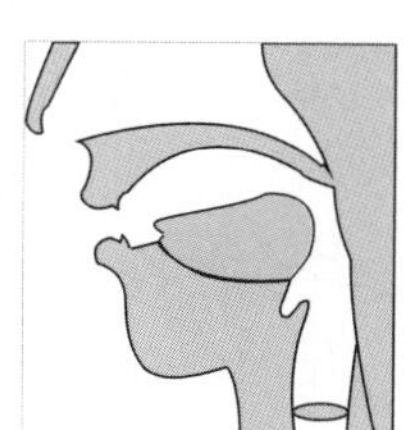

1）上下唇齿全张开；

2）舌尖不接触下齿，舌身平放；

3）上下齿之间距离为两指；

4）口型舒展，发音饱满。

stop [stɑːp] 停	hot [hɑːt] 热
lot [lɑːt] 很多	not [nɑːt] 不
cop [kɑːp] 警察	ox [ɑːks] 公牛
box [bɑːks] 盒子	top [tɑːp] 顶端

I have a lot of boxes.

[aɪ] [hæv] [ə] [lɑːt] [əv] [ˈbɑːksɪz]

我有很多盒子。

She likes hot dogs.

[ʃi] [laɪks] [hɑːt] [dɔːgz]

她喜欢吃热狗。

[ʌ] [ɑː] 辨析

cup [kʌp] 杯子	cop [kɑːp] 警察
color [ˈkʌlər] 颜色	collar [ˈkɑːlər] 衣领
hut [hʌt] 小木屋	hot [hɑːt] 热的

注意

1）[ʌ]嘴巴微张，[ɑː]嘴巴张得更大；

2）[ʌ]发音干脆，[ɑː]发音饱满。

在以下单词中，发[ɑː]的字母或字母组合后面有字母 r（发卷舌音[r]），而[r]后面没有元音，因此这些单词的英式和美式发音会存在差异。在美音中，卷舌音[r]要发出来；而英音中不发卷舌音。

car [kɑːr] 小车	far [fɑːr] 远的
hard [hɑːrd] 艰难的	chart [tʃɑːrt] 图表
part [pɑːrt] 部分	sharp [ʃɑːrp] 锋利的
bar [bɑːr] 酒吧	art [ɑːrt] 艺术

注意

美式发音 [ɑːr]，先发 [ɑː]，然后发 [r]。

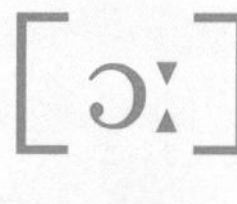

[ɔː]

后元音

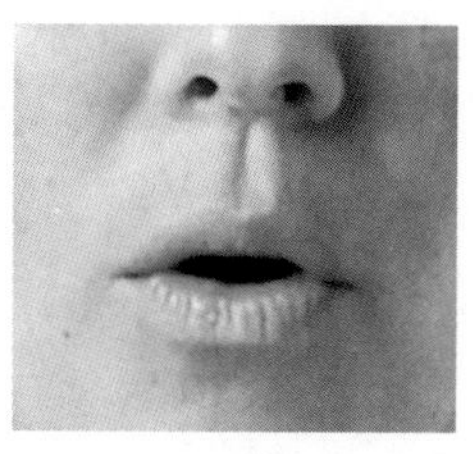

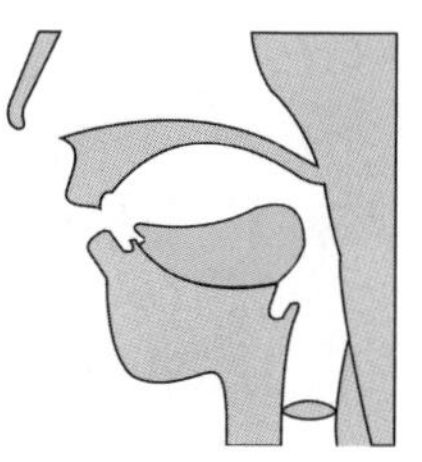

1）上下唇及上下齿张开，舌头自然垂放；
2）双唇收圆向外突出；
3）声带振动，像公鸡叫——“喔”*。

or [ɔːr] 是否	four [fɔːr] 四
nor [nɔːr] 也不	course [kɔːrs] 课程
born [bɔːrn] 出生	mourn [mɔːrn] 哀悼
for [fɔːr] 为了	pour [pɔːr] 倒出

注意 saw，talk，wall，law 等单词的发音中均包含[ɔː]。通常情况下，美国人在发这些单词中的[ɔː]的时候，嘴会比英国人张得更大，更加接近[ɑː]的音(英国人发这个音时，嘴张得相对较小，双唇收圆，发出的是[ɔː])。本书音标中均标注为[ɔː]。

He was born four years ago.

[hi] [wəz] [bɔːrn] [fɔːr] [jɪrz] [ə'goʊ]

他四年前出生。

Don’t eat like a horse.

[doʊnt] [iːt] [laɪk] [ə] [hɔːrs]

不要狂吃。

* 单词中发[ɔː]的字母或字母组合后面往往跟着字母 r（发卷舌音[r]）。当[r]后面没有元音时，英美发音有差别。美式发音为[ɔːr]，英式发音为[ɔː]。

[ɒ]

后元音

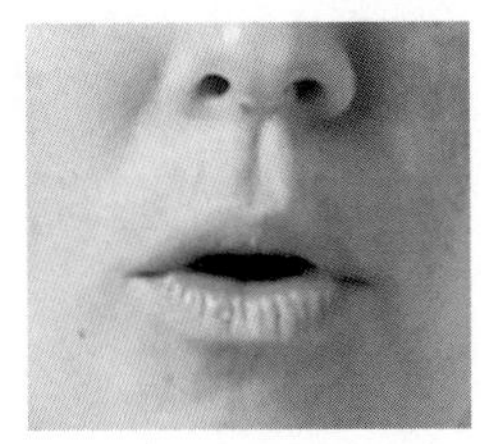

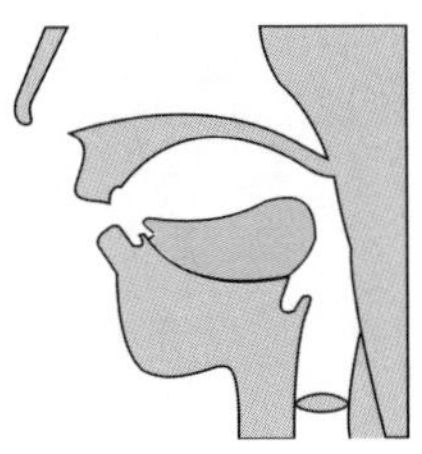

1）口腔打开；
2）双唇收圆向外突出；
3）发音短促有力；
4）美式发音中无此音*。

stop [stɑːp]（美）	[stɒp]（英）	停止
lot [lɑːt]（美）	[lɒt]（英）	大量，许多
cop [kɑːp]（美）	[kɒp]（英）	警察
box [bɑːks]（美）	[bɒks]（英）	盒子
hot [hɑːt]（美）	[hɒt]（英）	热的
not [nɑːt]（美）	[nɒt]（英）	不
ox [ɑːks]（美）	[ɒks]（英）	公牛
top [tɑːp]（美）	[tɒp]（英）	顶端

* 特别注意：[ɒ]这个音只出现在英式英语中，美式英语中没有这个音。从给出的例词中可以看出，在英式发音中，字母o通常发[ɒ]，而美式发音中对应的音是[ɑː]。本书以美式发音为主，所以没有针对[ɒ]给出过多的讲解和练习。

[uː]

后元音

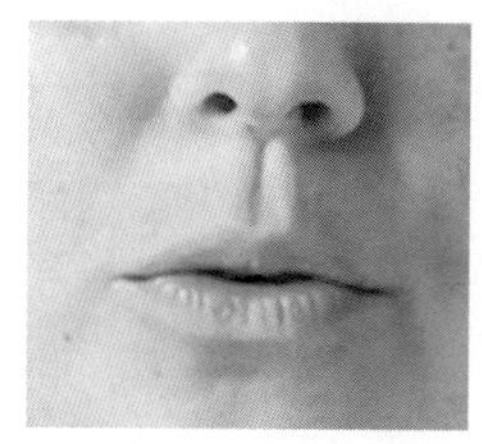

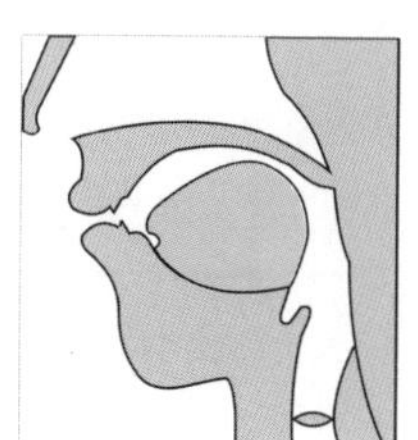

1）上下唇微微突出；

2）嘴型略扁；

3）不是中文中“乌”的发音*。

food [fuːd] 食物	clue [kluː] 线索
too [tuː] 也	sue [suː] 起诉
moon [muːn] 月亮	suit [suːt] 西装
noon [nuːn] 中午	juice [dʒuːs] 果汁
true [truː] 真实的	do [duː] 做
blue [bluː] 蓝色的	who [huː] 谁

 The news is too good to be true.

[ðə] [nuːz] [ɪz] [tuː] [gʊd] [tuː] [biː] [truː]

这个消息太好了，好得令人难以置信。

 Just chew your food.

[dʒʌst] [tʃuː] [jʊr] [fuːd]

你吃饭就好了。

* 注意：这个音很容易读错。很多人习惯性地将其与中文中的“乌”对应起来，认为只要把声音拖长即可。事实上，美国人发[uː]的时候，嘴并不是使劲往前凸起后形成一个小圆圈，而是嘴型略扁。此外，发[uː]时口腔肌肉处于紧张状态，因此，[uː]又被叫作“紧元音”。

[ʊ]

后元音

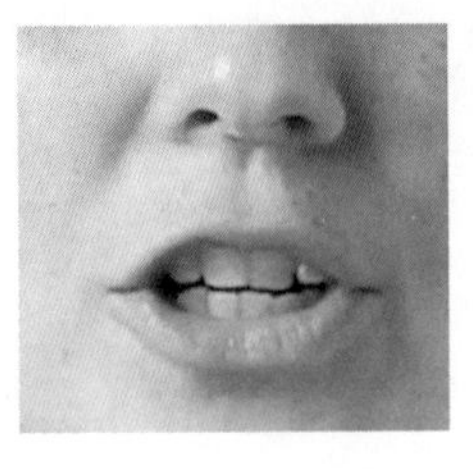
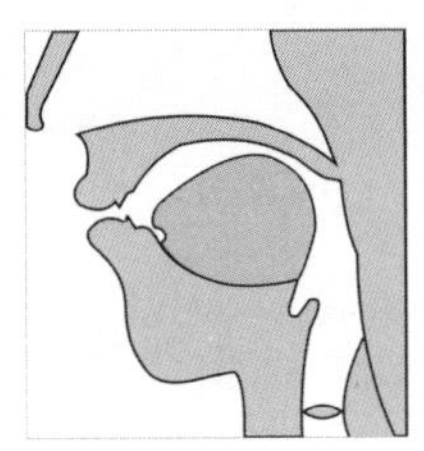

1）舌位类似“饿”的舌位，但嘴型要压扁；
2）上下唇形成的气孔要比发[uː]时大一些*；
3）嘴唇放松，发音短促。

look [lʊk] 看	should [ʃʊd] 应该
good [gʊd] 好的	could [kʊd] 能够
foot [fʊt] 脚	put [pʊt] 放置
book [bʊk] 书本	push [pʊʃ] 推

You look good.
[juː] [lʊk] [gʊd]
你看起来不错。

You push. I pull.
[juː] [pʊʃ] [aɪ] [pʊl]
你推我拉。

[uː] [ʊ] 辨析

food [fuːd] 食物	foot [fʊt] 脚
fool [fuːl] 傻瓜	full [fʊl] 满的
pool [puːl] 池塘	pull [pʊl] 拉

注意

[uː]与[ʊ]的区别并非只是音的长短。注意：发[uː]时口腔肌肉收紧，嘴型略扁；而发[ʊ]时口腔肌肉放松，嘴型要压扁。

* [ʊ]是很多学习者容易出错的发音之一。有些人将其等同于中文中的“乌”，认为只要声音短一些就行了。这种理解是错误的。事实上，发[ʊ]时，嘴唇是相对放松的，与发[uː]时是完全不同的。发[ʊ]音时，嘴型类似金鱼嘴，嘴不需要往前突出收圆，只要略微撅起即可。此外，嘴型要压扁，发音短促，口腔肌肉放松。

Unit 04

元音——集中双元音

双元音（包括集中双元音和开合双元音）发音注意事项：

双元音由两个元音组成，发音时从一个元音向另一个元音滑动，口型有变化。前一个元音发音清晰响亮，且时间长；后一个元音发音模糊微弱，且时间短。需要特别注意的是：

1）不要将前后两个音断开，应连贯成为一个整体；

2）不要因为后一个元音发音短小而将其忽略；

3）发音时滑动过程要完整，时间要充分；

4）双元音由两个单元音组成。对元音而言，口型比舌位更重要。因此，讲解双元音时仅呈现两个单元音的口型图。

[ɪə]

集中双元音

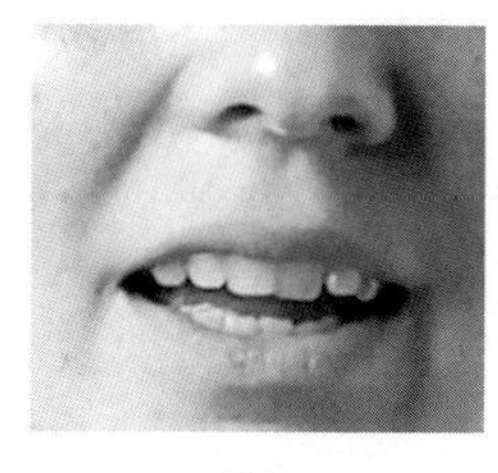

[ɪ]

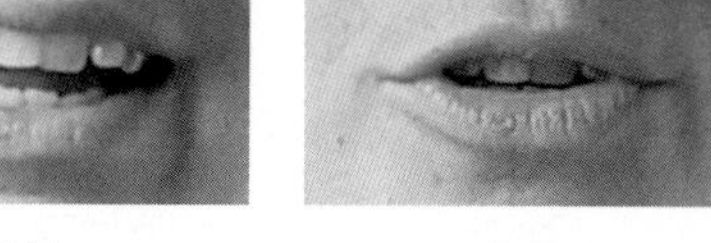

[r]

1）先发[ɪ]，再过渡到[ə]；

2）中间不停顿，一气呵成；

3）美式英语通常发[ɪə(r)]/[ɪr]。

beer [bɪr]（美）	[bɪə]（英）	啤酒
deer [dɪr]（美）	[dɪə]（英）	鹿
cheer [tʃɪr]（美）	[tʃɪə]（英）	欢呼
peer [pɪr]（美）	[pɪə]（英）	同龄人
here [hɪr]（美）	[hɪə]（英）	这儿
we're [wɪr]（美）	[wɪə]（英）	我们是
ear [ɪr]（美）	[ɪə]（英）	耳朵
hear [hɪr]*（美）	[hɪə]（英）	听

I live near here.

[aɪ] [lɪv] [nɪr] [hɪr]

我住在附近。

I have an idea**.

[aɪ] [hæv] [æn] [aɪ'diːə]

我知道了。

* 注意：虽然音标的写法是[ɪr]，但是在发音的实际过程中，美国人发出的并非口型放松的[ɪ]，而是嘴角咧开的[iː]。此外，由于尾音是卷舌音，所以嘴是撅起的。

** 一般而言，英音[ɪə]对应美音[ɪr]，但是 idea 的英式发音为[aɪ'dɪə]，美式发音为[aɪ'diːə]。另外，需要特别注意的是，在美式发音中，字母 r 发卷舌音。没有字母 r 时不要加卷舌音。例如：不要将 idea [aɪ'diːə]读为[aɪ'diːər]。

[eə]

集中双元音

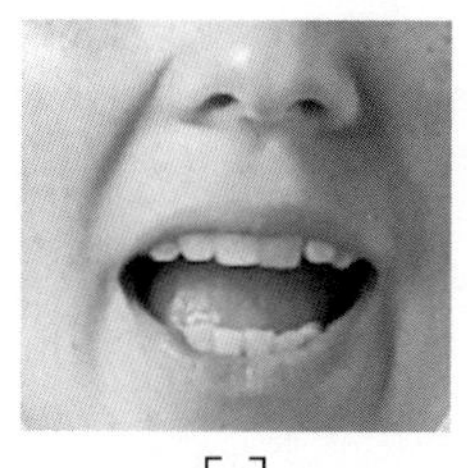
[e]

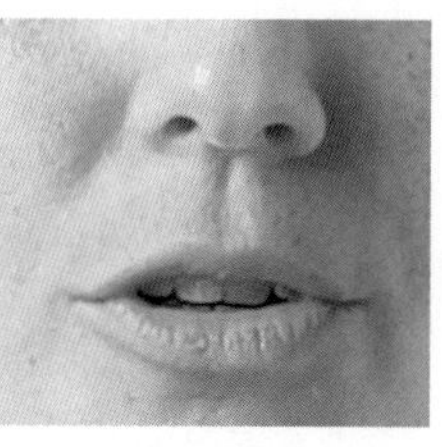
[r]

1）先发[e]，再发[ə]；
2）从[e]到[ə]要一气呵成，不可停顿；
3）美式英语通常发[er]*。

air [er] 空气	spare [sper] 让出
hair [her] 头发	share [ʃer] 分享
chair [tʃer] 椅子	fare [fer] 费用
fair [fer] 公平	there [ðer] 那儿
pear [per] 梨子	where [wer] 哪儿
wear [wer] 穿	their [ðer] 他们的
bear [ber] 容忍	heir [er] 继承人
care [ker] 关心	

Mary has fair hair.
['mærɪ] [hæz] [fer] [her]
玛丽的头发是浅色的。

Let's share these pears.
[lets] [ʃer] [ðiːz] [pers]
让我们一起分享这些梨。

[ɪr] [er] 辨析

beer [bɪr] 啤酒	bear [ber] 熊
hear [hɪr] 听到	hair [her] 头发

* 在出现[eə]音的单词中，往往后面还有一个卷舌音[r]，在[r]后面无元音的情况下，英式发音和美式发音的区别很大，英式发音为[eə]，美式发音为[er]。

[ʊə]

集中双元音

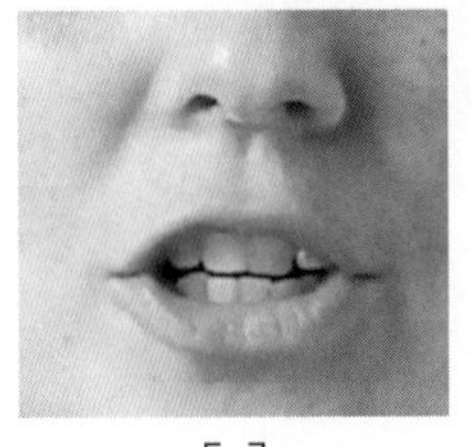
[ʊ]

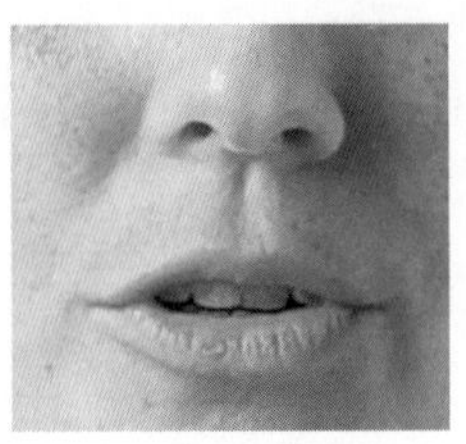
[r]

1）[ʊə]由两个元音[ʊ]和[ə]结合而成；
2）先发[ʊ]，再滑向[ə]；
3）美式英语中通常发[ʊr]。

tour [tʊr] 旅游	sure [ʃʊr] 肯定的
your [jʊr] 你的	poor [pʊr] 穷的

I'm sure.
[aɪm] [ʃʊr]
我确定。

She's poor.
[ʃiz] [pʊr]
她很穷。

[ʊr] [ɔːr] 辨析

poor [pʊr] 穷的	pour [pɔːr] 倾泻
tour [tʊr] 观光	tore [tɔːr] 撕毁

Unit 05

元音——开合双元音

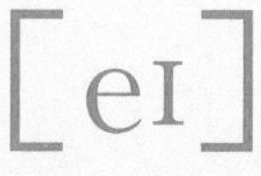

开合双元音

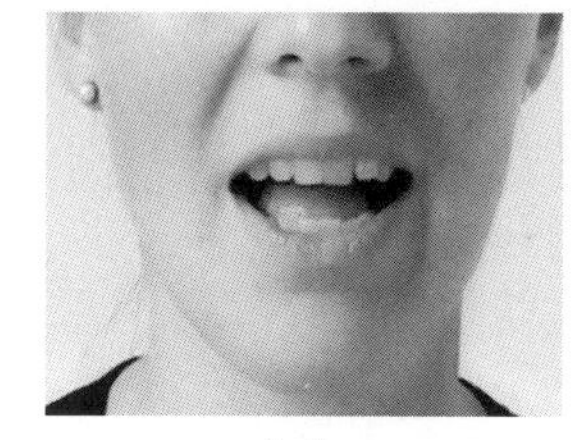

[e]

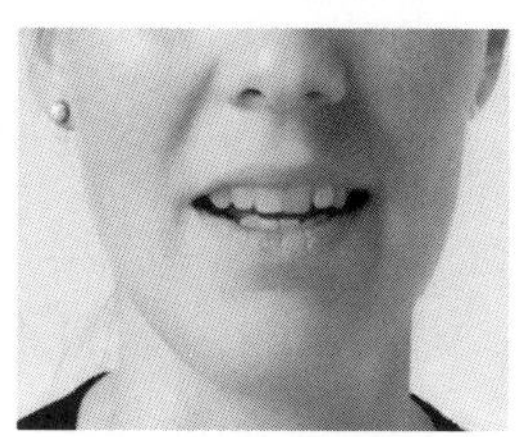

[ɪ]

1）先发[e]，然后滑向[ɪ]；

2）[e]较长，清晰响亮；[ɪ]较短且模糊；

3）双唇稍扁，口型从半开到闭合。

they [ðeɪ] 他们	cake [keɪk] 蛋糕
grey [greɪ] 灰色	make [meɪk] 使
play [pleɪ] 玩	take [teɪk] 带走
May [meɪ] 五月	gate [geɪt] 门
rain [reɪn] 下雨	eight [eɪt] 八
wait [weɪt] 等待	weight [weɪt] 重量
bait [beɪt] 诱饵	veil [veɪl] 面纱
nail [neɪl] 钉	sleigh [sleɪ] 雪橇

 She is making a cake.

[ʃi] [ɪz] ['meɪkɪŋ] [ə] [keɪk]

她正在做蛋糕。

 Wait for me.

[weɪt] [fər] [mi]

等等我。

[eɪ] [e] 辨析

pain [peɪn] 痛苦	pen [pen] 钢笔
main [meɪn] 主要的	men [men] 男人

[aɪ]

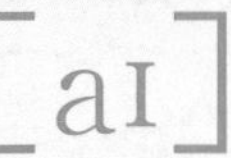

开合双元音

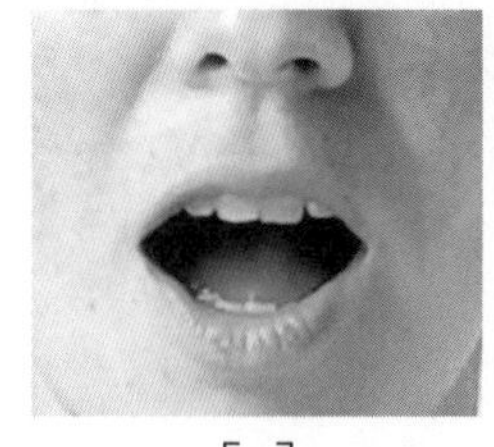
[aː]

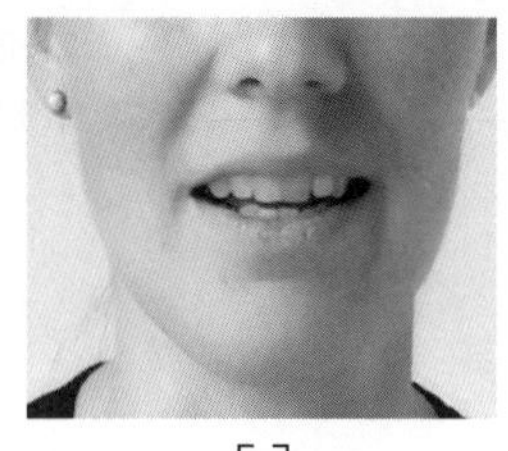
[ɪ]

1）先发[ɑː]，然后滑向[ɪ]；
2）[ɑː]长而响亮，[ɪ]短而模糊；
3）注意：发音不是“爱”。

bike [baɪk] 自行车	my [maɪ] 我的
like [laɪk] 喜欢	by [baɪ] 通过
ice [aɪs] 冰	buy [baɪ] 买
nice [naɪs] 友好的	guy [gaɪ] 男人

Great minds think alike.
[greɪt] [maɪndz] [θɪŋk] [əˈlaɪk]
英雄所见略同。

Time and tide wait for no man.
[taɪm] [ænd] [taɪd] [weɪt] [fɔːr] [noʊ] [mæn]
时间不等人。

[aɪ] [æ] 辨析

side [saɪd] 旁边	sad [sæd] 悲伤的
kite [kaɪt] 风筝	cat [kæt] 猫

[ɔɪ]

开合双元音

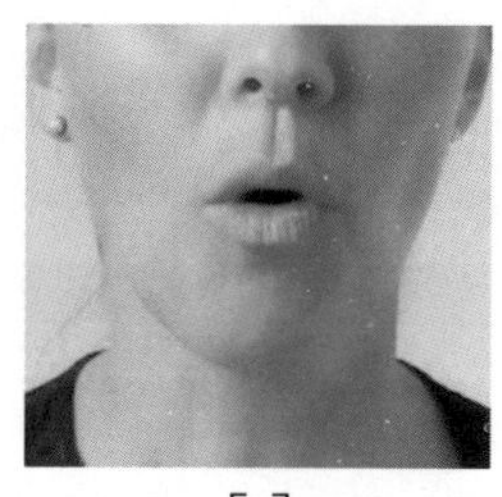

[ɔ]

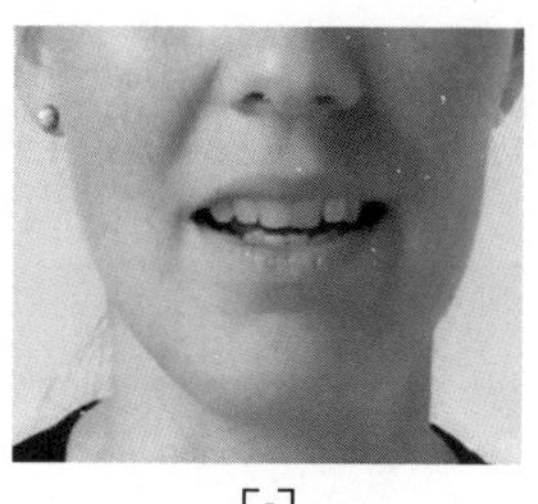

[ɪ]

1）从[ɔ]滑向[ɪ]；

2）发音时双唇从圆到扁，口型从开到合；

3）[ɔ]响亮清晰，[ɪ]短而模糊。

voice [vɔɪs] 声音	toy [tɔɪ] 玩具
oil [ɔɪl] 油	boy [bɔɪ] 男孩
noise [nɔɪz] 噪音	joy [dʒɔɪ] 开心
coin [kɔɪn] 硬币	soy [sɔɪ] 大豆

Enjoy the oyster.

[ɪn'dʒɔɪ] [ðiː] ['ɔɪstər]

享用牡蛎。

The toy is too noisy.

[ðə] [tɔɪ] [ɪz] [tuː] ['nɔɪzi]

这个玩具太吵了。

[əʊ]

开合双元音

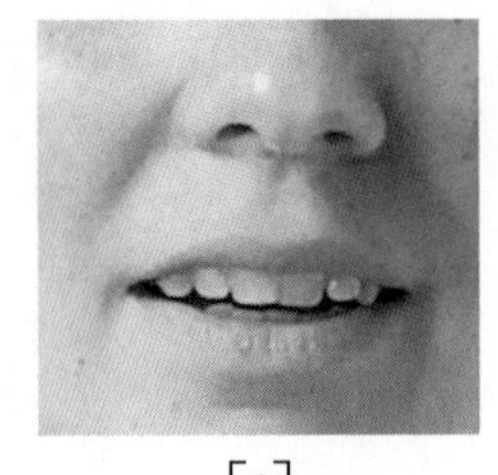
[ə]

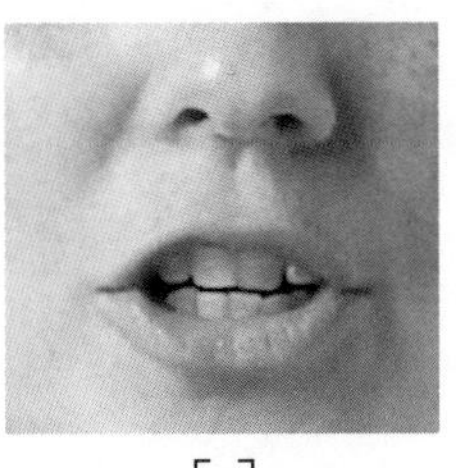
[ʊ]

1）先发[ə]，再发[ʊ]；
2）[ə]长而响亮，[ʊ]较短且较模糊；
3）美式音标中标注为[oʊ]*。

oh [oʊ] 哦	soap [soʊp] 肥皂
no [noʊ] 不	load [loʊd] 负荷
coke [koʊk] 可乐	yellow [ˈjeloʊ] 黄色
ok [oʊˈkeɪ] 好的	show [ʃoʊ] 展示
coat [koʊt] 外套	though [ðoʊ] 尽管
boat [boʊt] 船	shoulder [ˈʃoʊldər] 肩膀

Let's go home.
[lets] [goʊ] [hoʊm]
我们回家吧。

No smoking.
[noʊ] [ˈsmoʊkɪŋ]
禁止吸烟。

[oʊ] [ɔː] 辨析

coat [koʊt] 外套	caught [kɔːt] 抓住
boat [boʊt] 小船	bought [bɔːt] 购买

* 英国人发[əʊ]音的过程感非常明显，起始音[ə]和收尾音[ʊ]的动作都必须到位。但是在美式发音中，[əʊ]和中文中的“欧”很相似，过程感不强。注意：在词典中，英式音标采用符号[əʊ]，美式音标采用符号[oʊ]。本书以美式发音为主，均标注为[oʊ]。

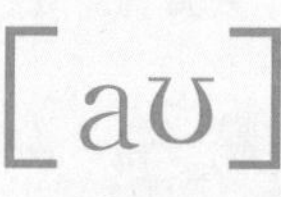

[aʊ]

开合双元音

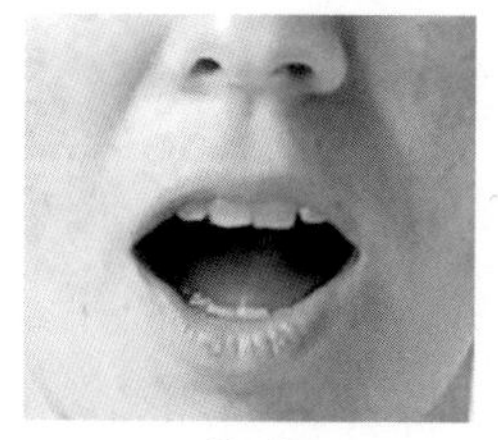
[ɑː]

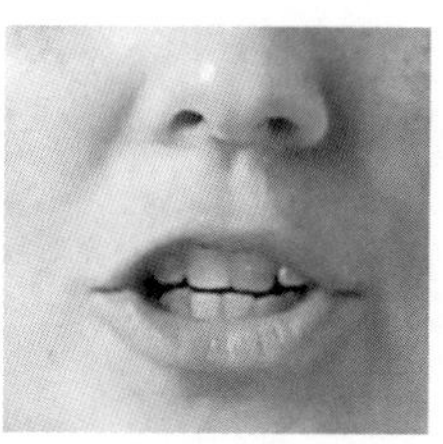
[ʊ]

1）先发[ɑː]，再发[ʊ]，中间不停顿*；

2）[ɑː]饱满清晰，[ʊ]短暂模糊；

3）注意：不是中文中的“澳”。

house [haʊs] 房子	how [haʊ] 怎样
south [saʊθ] 南部	cow [kaʊ] 母牛
proud [praʊd] 骄傲的	power ['paʊər] 能量
mouse [maʊs] 鼠标	down [daʊn] 向下
loud [laʊd] 大声的	brown [braʊn] 棕色的

 Now open your mouth.

[naʊ] ['oʊpən] [jʊr] [maʊθ]

现在张开嘴。

 Sit down.

[sɪt] [daʊn]

坐下。

* 大家如果不会发这个双元音，可以想象一下自己被人突然掐了一下，大喊一声发出[aʊ]音，就是这种感觉。

Unit 06

辅音——爆破音

[p]

爆破音

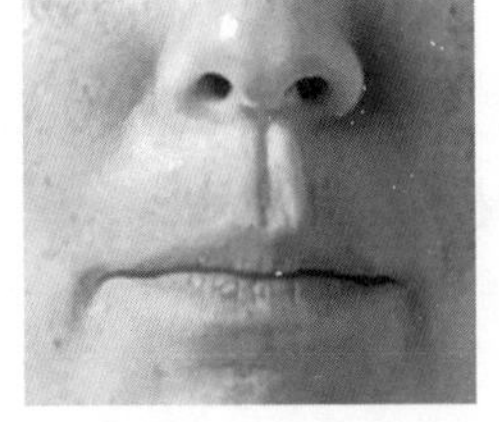

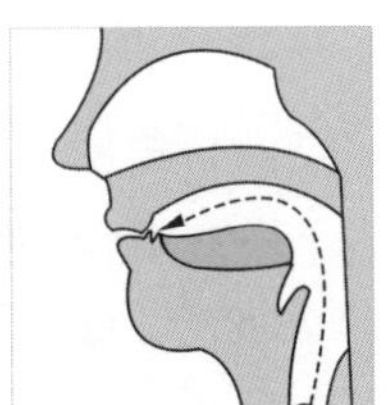

1）双唇闭合，压迫气息；

2）气息由口腔突破双唇而出；

3）声带不振动。

plane [pleɪn] 飞机	group [gruːp] 团体
pear [per] 梨子	poop [puːp] 大便
print [prɪnt] 打印	up [ʌp] 向上
paper ['peɪpər] 纸	dump [dʌmp] 倒掉

This is a piece of paper.

[ðɪs] [ɪz] [ə] [piːs] [əv] ['peɪpər]

这是一张纸。

Do it step by step.

[duː] [ɪt] [step] [baɪ] [step]

一步一步来做。

[b]

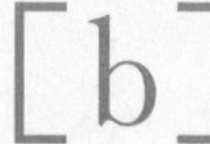

爆破音

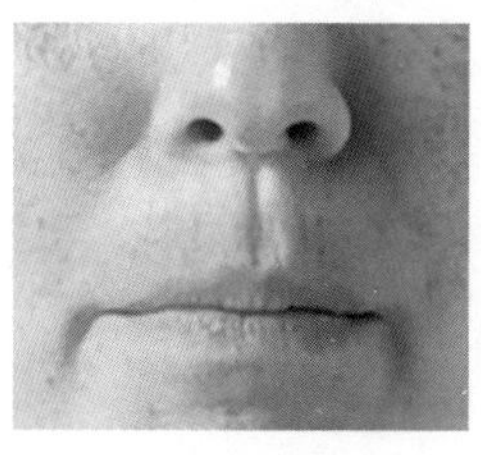

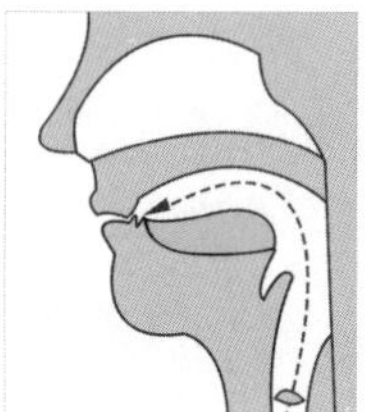

1）双唇闭合，压迫气息；
2）气息由口腔突破双唇而出；
3）声带振动。

bag [bæg] 包	Bob [bɑːb] 鲍勃
bad [bæd] 坏的	cab [kæb] 出租车
ball [bɔːl] 球	mob [mɑːb] 暴民，人群
back [bæk] 后面	sob [sɑːb] 哭泣

She is a busy bee.
[ʃi] [ɪz] [ə] [ˈbɪzi] [biː]
她是大忙人。

Don't sob in the cab.
[doʊnt] [sɑːb] [ɪn] [ðə] [kæb]
不要在出租车上哭泣。

[p] [b] 辨析

pear [per] 梨	bear [ber] 熊
mop [mɑːp] 擦干	mob [mɑːb] 暴民，人群

[t]

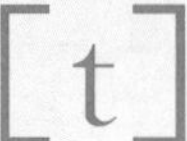

爆破音

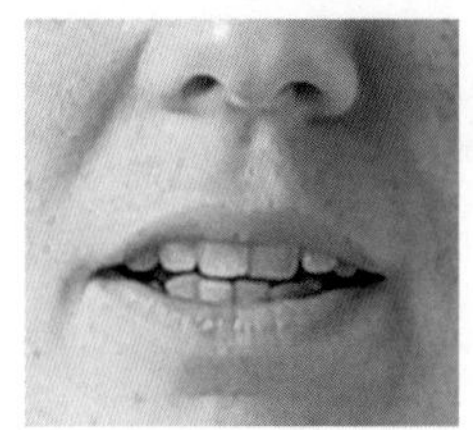

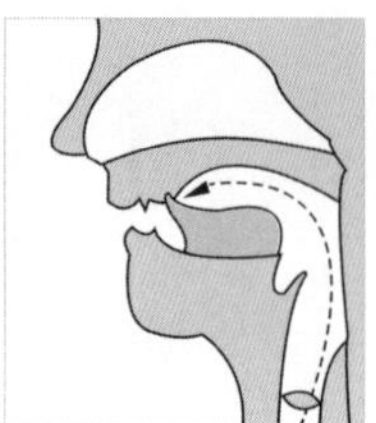

1）双唇张开，舌尖抵上齿龈；
2）憋住气，然后弹开舌尖；
3）使气流冲出口腔，发出爆破音；
4）声带不振动。

tall [tɔːl] 高的	put [pʊt] 放
teach [tiːtʃ] 教书	what [wɑːt] 什么
time [taɪm] 时间	fast [fæst] 快的
tea [tiː] 茶	it [ɪt] 它

You'd better take a taxi.
[juːd] ['betər] [teɪk] [ə] ['tæksi]
你最好乘坐出租车。

Not at all.
[nɑːt] [æt] [ɔːl]
一点儿也不。

[t] 的闪音（Flap [t]）

当[t]出现在非重读音节，且在两个元音之间（或前是[r]后是元音）的时候，发[t]时需要拍舌尖且不完全爆破，发成一个近似[d]的音，即 Flap [t]（又叫"美式闪音[t]"或"弹舌[t]"）。

注意　[t]出现在非重读音节中；[t]前后都是元音或前是[r]后是元音。

water ['wɑːtər]（美）	['wɔːtə]（英）	水
letter ['letər]（美）	['letə]（英）	信件
city ['sɪti]（美）	['sɪti]（英）	城市
pretty ['prɪti]（美）	['prɪti]（英）	美丽的
party ['pɑːrti]（美）	['pɑːti]（英）	晚会

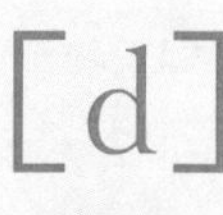

[d]

爆破音

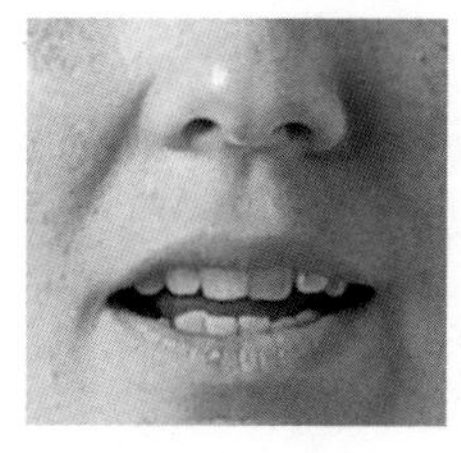

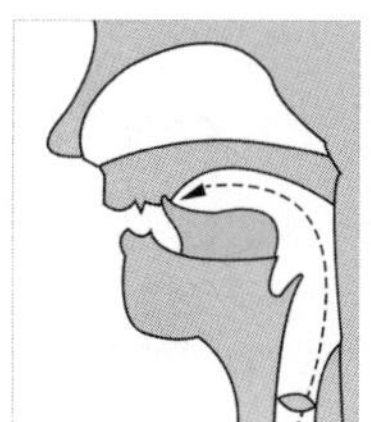

1）双唇张开，舌尖抵上齿龈；
2）憋住气，然后弹开舌尖；
3）使气流冲出口腔，发出爆破音；
4）声带振动。

desk [desk] 桌子	good [gʊd] 好的
duck [dʌk] 鸭子	could [kʊd] 能够
day [deɪ] 天	dad [dæd] 父亲
die [daɪ] 死亡	mood [muːd] 情绪
dead [ded] 死亡的	should [ʃʊd] 应该

Dad likes dairy products.
[dæd] [laɪks] [ˈderi] [ˈprɑːdʌkts]
爸爸喜欢吃乳制品。

Let's travel around the world.
[lets] [ˈtrævl] [əˈraʊnd] [ðə] [wɜːrld]
我们去环游世界吧。

[t] [d] 辨析

two [tuː] 二	do [duː] 做
tie [taɪ] 绑	die [daɪ] 死

[k]

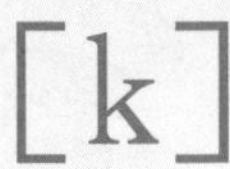

爆破音

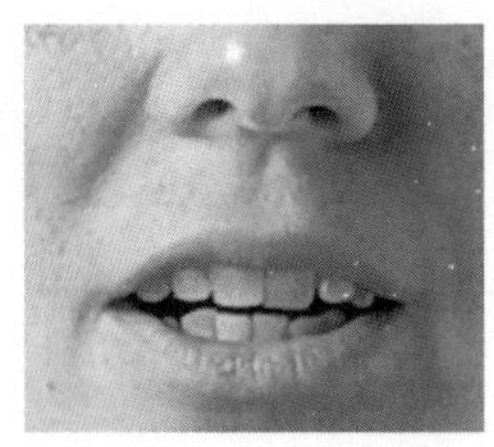

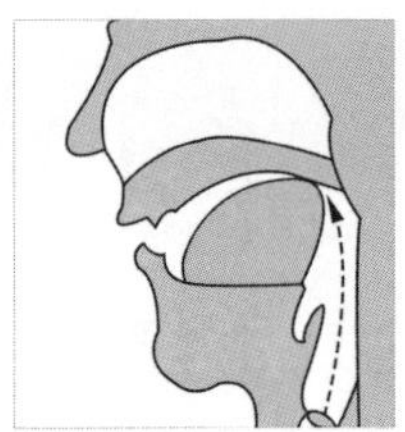

1）舌根部往上翘起，抵住口腔上方的软腭部分；
2）憋气，然后弹舌头；
3）双唇微张；
4）注意：不是中文中的“渴”。

car [kɑːr] 小汽车	cake [keɪk] 蛋糕
case [keɪs] 案例	cook [kʊk] 做饭
kite [kaɪt] 风筝	look [lʊk] 看
key [kiː] 钥匙	book [bʊk] 书本

 I caught a cold.

[aɪ] [kɔːt] [ə] [koʊld]

我感冒了。

 Let's take a break.

[lets] [teɪk] [ə] [breɪk]

我们休息一下吧。

[g]

爆破音

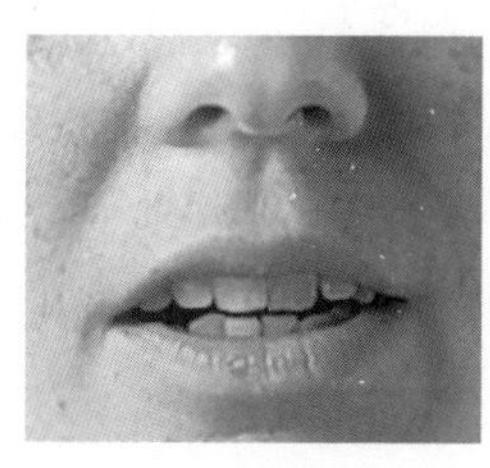

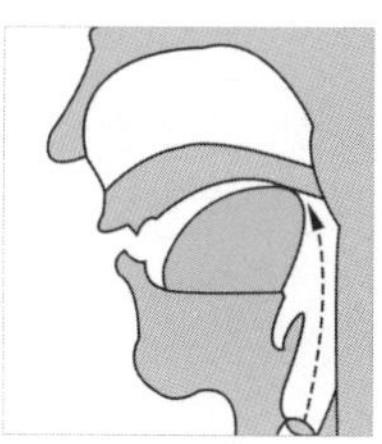

1）舌根部往上翘起，抵住口腔上方的软腭部分；
2）憋气，然后弹舌头；
3）双唇微张；
4）声带振动。

good [gʊd] 好的	bag [bæg] 袋子
god [gɑːd] 上帝	bug [bʌg] 臭虫
grass [græs] 草地	dog [dɔːg] 狗
glass [glæs] 眼镜	pig [pɪg] 猪

A good beginning makes a good ending.

[ə] [gʊd] [bɪˈgɪnɪŋ] [meɪks] [ə] [gʊd] [ˈendɪŋ]

善始者必善其终。

Great hopes make a great man.

[greɪt] [hoʊps] [meɪk] [ə] [greɪt] [mæn]

伟大的抱负造就伟大的人。

[k] [g] 辨析

back [bæk] 后背	bag [bæg] 袋子
cook [kʊk] 做饭	good [gʊd] 好的

Unit 07

辅音——摩擦音

摩擦音

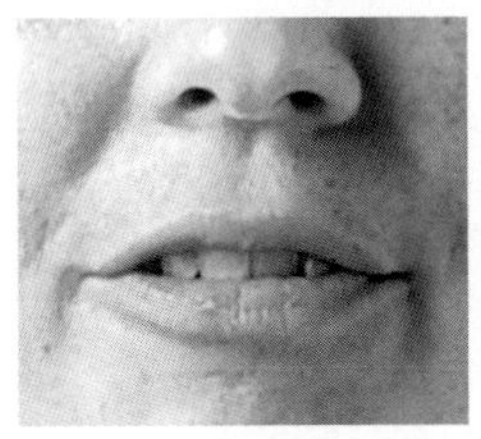

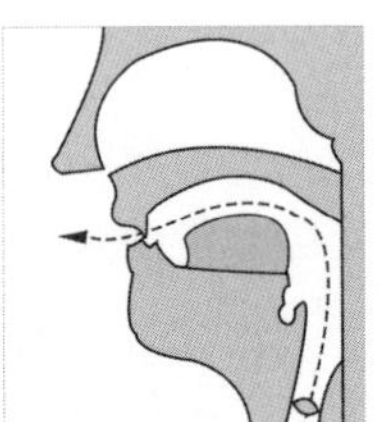

1）上齿轻轻咬住下唇内侧；

2）将气流从唇齿的缝隙间吹出来；

3）声带不振动。

four [fɔːr] 四	Sophie ['soʊfɪ] 苏菲
five [faɪv] 五	phase [feɪz] 阶段
fish [fɪʃ] 鱼	graph [græf] 图表
leaf [liːf] 叶子	laugh [læf] 笑
wife [waɪf] 妻子	tough [tʌf] 艰苦
phone [foʊn] 电话	enough [ɪ'nʌf] 足够
photo ['foʊtoʊ] 图片	rough [rʌf] 粗糙的

A life without a friend is a life without sun.

[ə] [laɪf] [wɪ'ðaʊt] [ə] [frend] [ɪz] [ə] [laɪf] [wɪ'ðaʊt] [sʌn]

人生没有朋友犹如人生没有阳光。

Birds of a feather flock together.

[bɜːrdz] [əv] [ə] ['feðər] [flɑːk] [tə'geðər]

物以类聚。

[v]

摩擦音

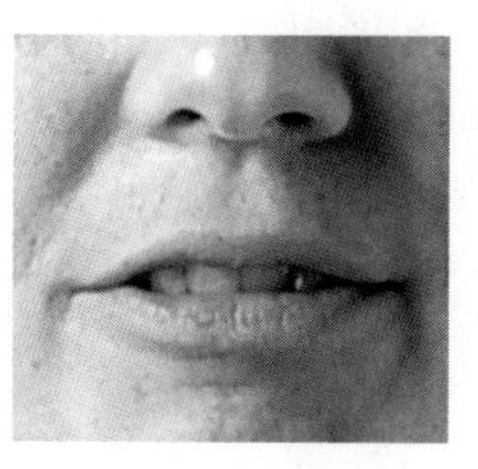

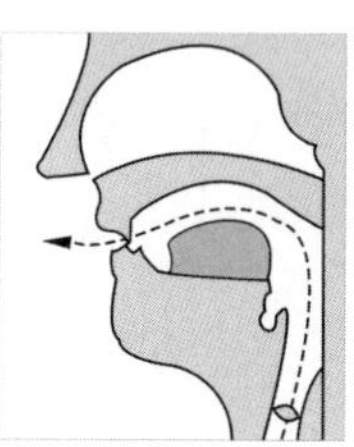

1）上齿轻轻咬住下唇内侧；
2）将气流从唇齿的缝隙间吹出来；
3）声带振动。

visit ['vɪzɪt] 拜访	love [lʌv] 爱
very ['veri] 非常	live [lɪv] 住
never ['nevər] 从未	five [faɪv] 五
vase [veɪs] 花瓶	have [hæv] 有

Very good.
['veri] [gʊd]
非常好。

Never say never.
['nevər] [seɪ] ['nevər]
永不言败。

[f] [v] 辨析

ferry ['feri] 渡轮	very ['verɪ] 非常
leaf [liːf] 叶子	leave [liːv] 离开

[s]

摩擦音

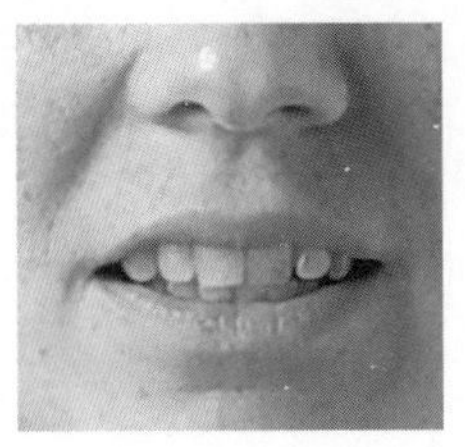
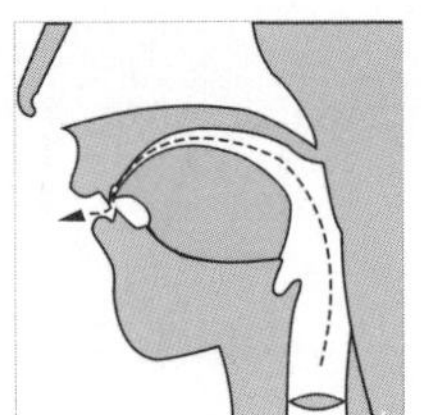

1）双唇微张，上下齿轻轻闭合；

2）向外吹气，声带不振动；

3）注意：不是中文中的“丝”。

six [sɪks] 六	rice [raɪs] 米饭
son [sʌn] 儿子	nice [naɪs] 友好的
sun [sʌn] 太阳	dance [dæns] 跳舞
sick [sɪk] 生病的	chance [tʃæns] 机会
sit [sɪt] 坐下	face [feɪs] 脸
kiss [kɪs] 接吻	box [bɑːks] 盒子
class [klæs] 课程	fox [fɑːks] 狐狸
miss [mɪs] 错过	taxi ['tæksi] 出租车
piss [pɪs] 小便	fix [fɪks] 修理

 The sun rises in the east and sets in the west.

[ðə] [sʌn] ['raɪzɪz] [ɪn] [ðiː] [iːst] [ænd] [sets] [ɪn] [ðə] [west]

太阳东升西落。

 The first step is always the hardest.

[ðə] [fɜːrst] [step] [ɪz] ['ɔːlweɪz] [ðə] ['hɑːrdɪst]

万事开头难。

[z] 摩擦音

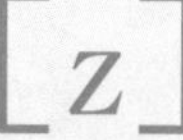

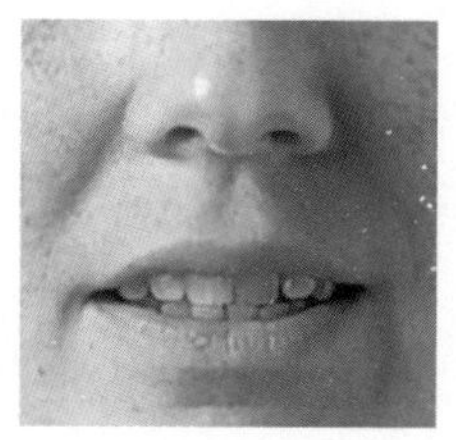

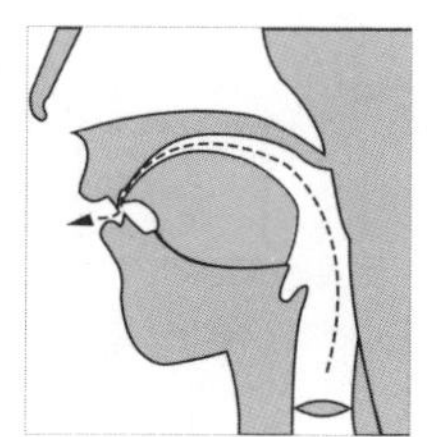

1）双唇微张，上下齿轻轻闭合；
2）向外吹气；
3）声带振动。

zebra ['ziːbrə] 斑马	busy ['bɪzi] 忙的
zoo [zuː] 动物园	reason ['riːzn] 理由
size [saɪz] 尺寸	is [ɪz] 是
lazy ['leɪzi] 懒的	has [hæz] 有

 Zip your lips, please.
[zɪp] [jər] [lɪps] [pliːz]
请闭嘴！

 She is as tall as her mother.
[ʃi] [ɪz] [æz] [tɔːl] [æz] [hər] ['mʌðər]
她和她妈妈一样高。

[s] [z] 辨析

ice [aɪs] 冰	eyes [aɪz] 眼睛
loose [luːs] 松的	lose [luːz] 失去

[θ]

摩擦音

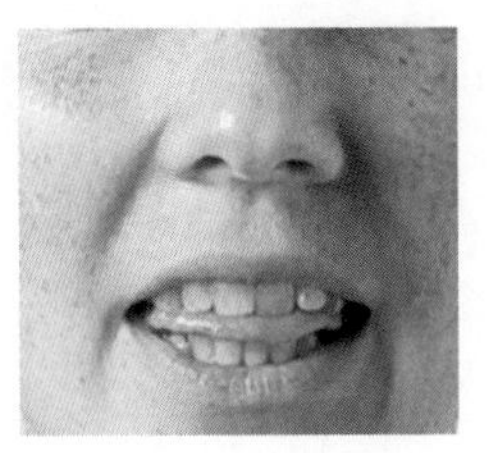

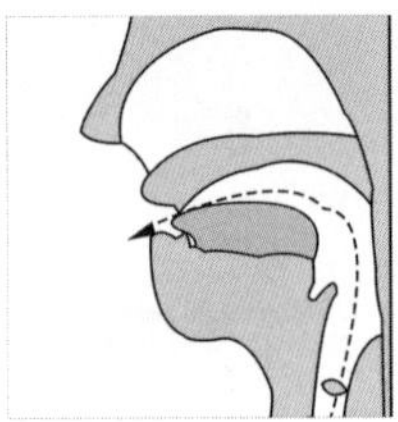

1）双唇微开，舌头伸出来；
2）上下齿轻咬住舌尖，将气流从牙齿的缝隙中吹出来；
3）声带不振动。

thank [θæŋk] 谢谢	math [mæθ] 数学
think [θɪŋk] 思考	oath [oʊθ] 誓言
thin [θɪn] 瘦的	month [mʌnθ] 月份
thick [θɪk] 厚的	truth [truːθ] 真理

This is my fourth month studying math.
[ðɪs] [ɪz] [maɪ] [fɔːrθ] [mʌnθ] ['stʌdɪŋ] [mæθ]
这是我学习数学的第四个月。

I think he is telling the truth.
[aɪ] [θɪŋk] [hi] [ɪz] ['telɪŋ] [ðə] [truːθ]
我觉得他在说实话。

[s] [θ] 辨析

sick [sɪk] 生病的	thick [θɪk] 厚的
sink [sɪŋk] 下沉	think [θɪŋk] 思考

[ð] 摩擦音

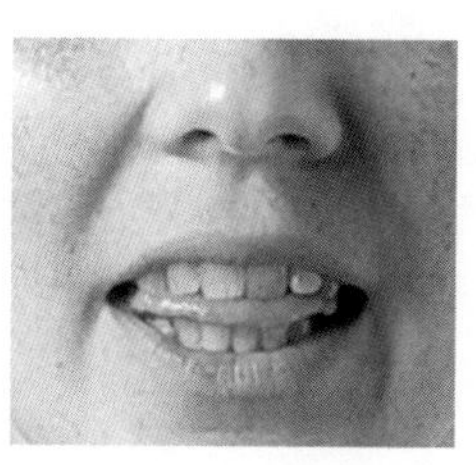

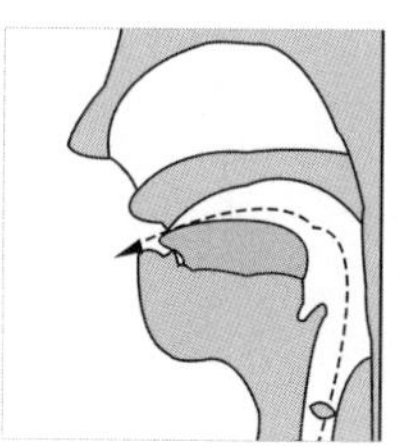

1）双唇微开，舌头伸出来；
2）上下齿轻咬住舌尖，将气流从牙齿的缝隙中吹出来；
3）声带振动。

this [ðɪs] 这个	that [ðæt] 那个
mother [ˈmʌðər] 妈妈	father [ˈfɑːðər] 父亲
there [ðer] 那儿	the [ðə] 这个

My father and mother went through thick and thin.

[maɪ] [ˈfɑːðər] [ænd] [ˈmʌðər] [went] [θruː] [θɪk] [ænd] [θɪn]

我的父母患难与共。

This is my father's brother.

[ðɪs] [ɪz] [maɪ] [ˈfɑːðərz] [ˈbrʌðər]

这是我父亲的兄弟。

[θ] [ð] 辨析

through [θruː] 通过	though [ðoʊ] 虽然
breath [breθ] 呼吸	breathe [briːð] 呼吸

[ʃ] 摩擦音

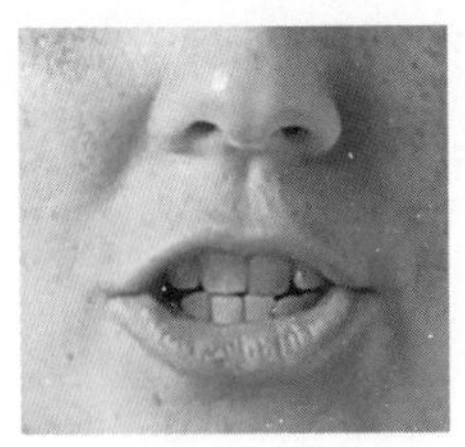

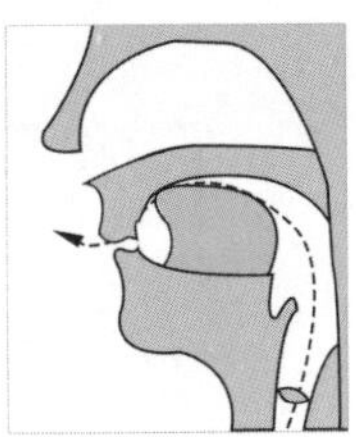

1）双唇翘起向前突出，上下齿靠拢；
2）舌尖抬向上齿龈较后的部位；
3）向外吹气，声带不振动。

shirt [ʃɜːrt] 衬衣	wash [wɑːʃ] 洗
she [ʃiː] 她	trash [træʃ] 垃圾
show [ʃoʊ] 展示	fish [fɪʃ] 鱼
shop [ʃɑːp] 商店	sure [ʃʊr] 确定的
ship [ʃɪp] 船	delicious [dɪˈlɪʃəs] 美味的
wish [wɪʃ] 愿望	machine [məˈʃiːn] 机器
cash [kæʃ] 现金	station [ˈsteɪʃn] 车站

 Should we go fishing on the ship?

[ʃəd] [wi] [goʊ] [ˈfɪʃɪŋ] [ɑːn] [ðə] [ʃɪp]

我们应该乘船去钓鱼吗？

Wash your clothes in this machine.

[wɑːʃ] [jʊr] [kloʊðz] [ɪn] [ðɪs] [məˈʃiːn]

在这台机器里洗衣服。

[ʒ]

摩擦音

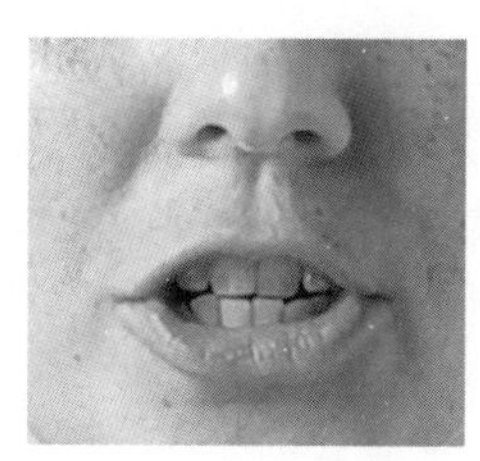

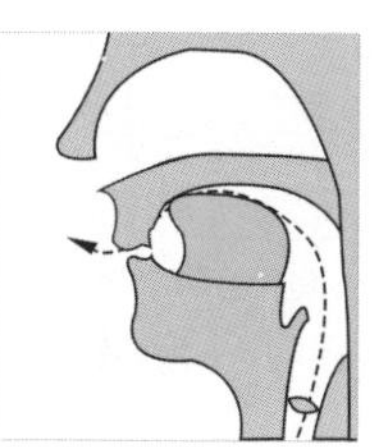

1）双唇翘起向前突出，上下齿靠拢；
2）舌尖抬向上齿龈较后的部位，然后向外吹气；
3）声带振动。

usually [ˈjuːʒəli] 通常	leisure [ˈliːʒər] 休闲的
pleasure [ˈpleʒər] 快乐	vision [ˈvɪʒn] 视力，视野

My pleasure.
[maɪ] [ˈpleʒər]
我很乐意。

His vision is poor.
[hɪz] [ˈvɪʒn] [ɪz] [pʊr]
他的视力很差。

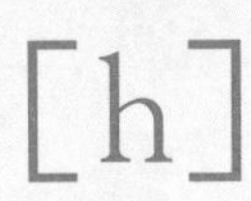

[h]

摩擦音

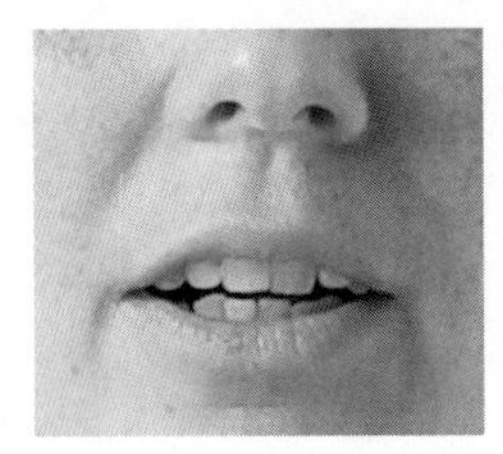
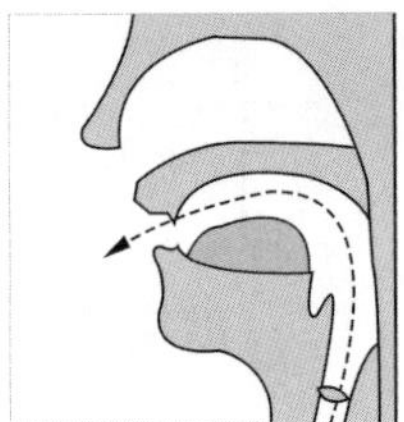

1）嘴半张，上下齿张开，舌头自然平放；

2）向外呵气；

3）注意：不是中文中的“喝”。

hair [her] 头发	who [huː] 谁
have [hæv] 有	whose [huːz] 谁的
hat [hæt] 帽子	hand [hænd] 手
home [hoʊm] 家	

He is happy and healthy.

[hi] [ɪz] ['hæpi] [ænd] ['helθi]

他快乐又健康。

The weather is hot and humid.

[ðə] ['weðər] [ɪz] [hɑːt] [ænd] ['hjuːmɪd]

天气又热又潮湿。

Unit 08

辅音——卷舌音

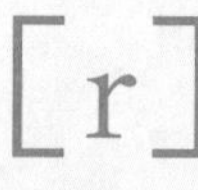

[r]

卷舌音

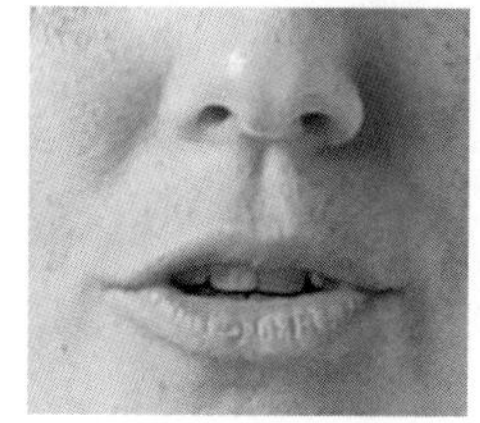

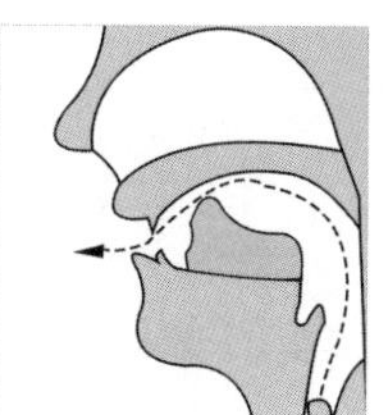

1）撅起嘴唇；

2）舌尖卷起，舌根后缩；

3）声带振动。

rabbit ['ræbɪt] 兔子

print [prɪnt] 打印

bring [brɪŋ] 带来

right [raɪt] 正确的

write [raɪt] 写

wrong [rɔːŋ] 错的

wrap [ræp] 包裹

wrestle ['resl] 摔跤

（注：以上单词中 r 后有元音）

far [fɑːr] 远的

car [kɑːr] 小汽车

hard [hɑːrd] 硬的

part [pɑːrt] 部分

（注：以上单词中 r 后无元音）

I like the red car.

[aɪ] [laɪk] [ðə] [red] [kɑːr]

我喜欢那辆红色的小汽车。

Your answer is correct.

[jʊr] ['ænsər] [ɪz] [kə'rekt]

你的答案是正确的。

Unit 09

辅音——塞擦音

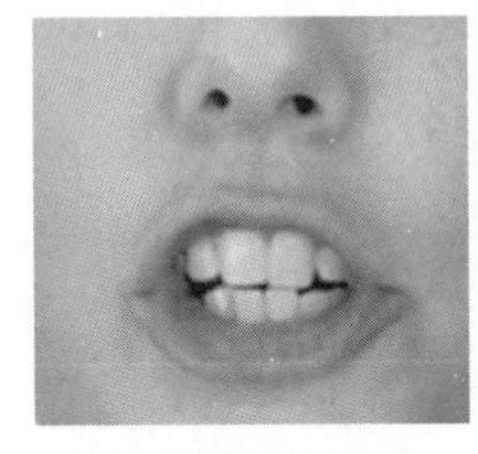

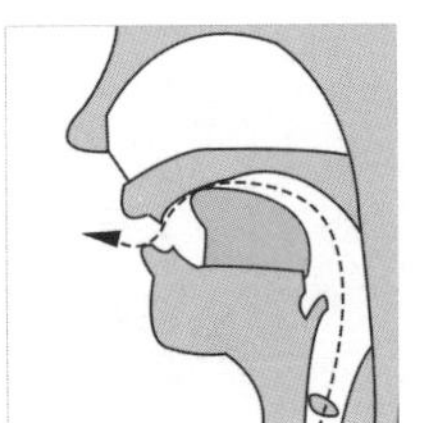

1）舌前部抬起，触碰上齿龈后部，形成完全阻碍；
2）双唇向前突出，略呈喇叭状；
3）让气流冲破阻碍，破擦成音；
4）注意：不是中文中的“起”，声带不振动。

chair [tʃer] 椅子	much [mʌtʃ] 多的
China ['tʃaɪnə] 中国	lunch [lʌntʃ] 午餐
cheap [tʃiːp] 便宜的	such [sʌtʃ] 这样的
cheat [tʃiːt] 欺骗	watch [wɑːtʃ] 手表
child [tʃaɪld] 孩子	catch [kætʃ] 抓住
teach [tiːtʃ] 教	match [mætʃ] 比赛
rich [rɪtʃ] 富有的	

 He just has French fries for lunch.

[hi] [dʒʌst] [hæz] [frentʃ] [fraɪz] [fɔːr] [lʌntʃ]

他午餐只吃炸薯条。

 I had a chat with my coach yesterday.

[aɪ] [hæd] [ə] [tʃæt] [wɪð] [maɪ] [koʊtʃ] ['jestərdeɪ]

我昨天与教练聊天了。

[dʒ]

塞擦音

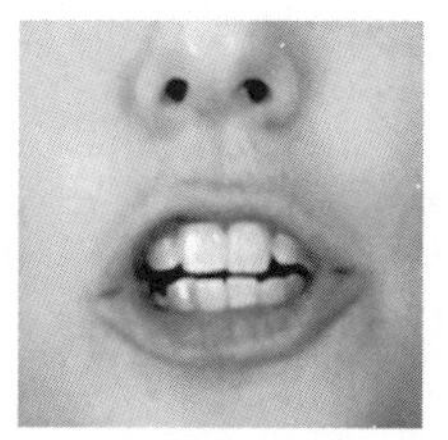
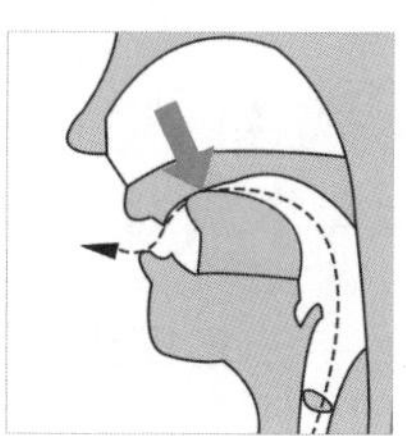

1）双唇向前突出，略呈喇叭状；
2）舌前部抬起，触碰上齿龈后部，形成完全阻碍；
3）让气流冲破阻碍，破擦成音；
4）注意：不是中文中的“几”；声带振动。

juice [dʒuːs] 果汁	gym [dʒɪm] 健身房
July [dʒuˈlaɪ] 七月	orange [ˈɔːrɪndʒ] 橙子
joy [dʒɔɪ] 欢乐	bridge [brɪdʒ] 桥
joke [dʒoʊk] 玩笑	page [peɪdʒ] 页面
June [dʒuːn] 六月	cage [keɪdʒ] 笼子

John will go to college in July.
[dʒɑːn] [wɪl] [goʊ] [tuː] [ˈkɑːlɪdʒ] [ɪn] [dʒuˈlaɪ]
约翰7月份要去上大学。

Imagination is more important than knowledge.
[ɪˌmædʒɪˈneɪʃn] [ɪz] [mɔːr] [ɪmˈpɔːrtnt] [ðən] [ˈnɑːlɪdʒ]
想象力比知识更重要。

[tʃ] [dʒ] 辨析

cheap [tʃiːp] 便宜的	jeep [dʒiːp] 吉普车
H [eɪtʃ] H	age [eɪdʒ] 年龄

[tr]

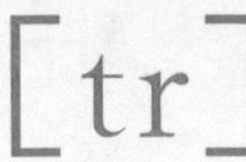

塞擦音

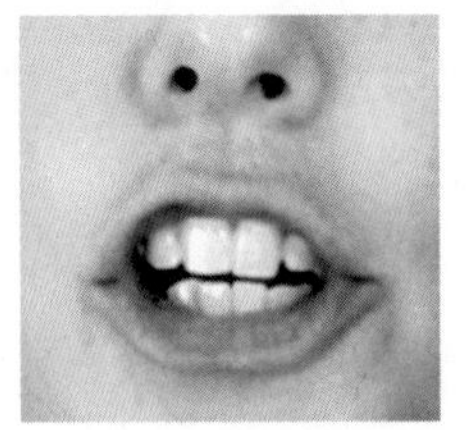

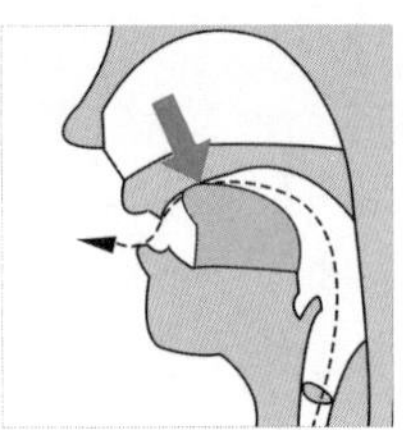

1）舌尖抵住上齿龈后部；
2）双唇收圆，稍往前突出；
3）气流冲破舌尖与齿龈之间的阻碍，先爆破后摩擦；
4）声带不振动*。

train [treɪn] 火车	trip [trɪp] 旅途
truck [trʌk] 卡车	true [truː] 真实的
try [traɪ] 尝试	

I usually travel by train.

[aɪ] [ˈjuːʒəli] [ˈtrævl] [baɪ] [treɪn]

我通常乘火车旅行。

Just give it a try.

[dʒʌst] [ɡɪv] [ɪt] [ə] [traɪ]

试试看吧。

* 很多人发不好这个音。其实，[tr]＝[tʃ]＋[r]，先发[tʃ]，再发[r]即可，两个音不要分得太开。

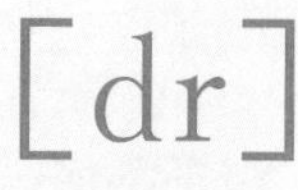

[dr]

塞擦音

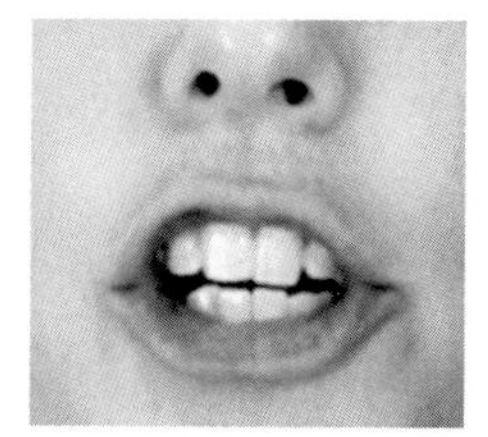

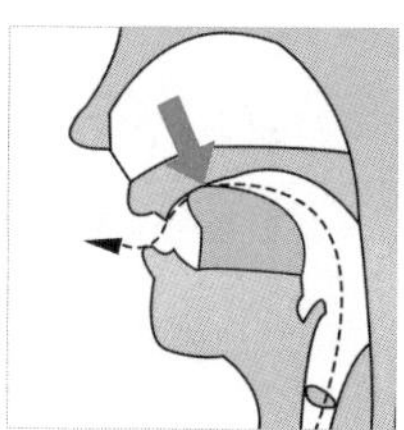

1）舌尖抵住上齿龈后部；

2）双唇收圆，稍往前突出；

3）气流冲破舌尖与齿龈之间的阻碍，先爆破后摩擦；

4）声带振动*。

dream [driːm] 梦想	drive [draiv] 开车
dry [draɪ] 干的	drink [drɪŋk] 喝
dress [dres] 连衣裙	

She's driving me crazy.

[ʃiz] [ˈdraɪvɪŋ] [mi] [ˈkreɪzi]

她快把我逼疯了。

What did you dream about last night?

[wʌt] [dɪd] [juː] [driːm] [əˈbaʊt] [læst] [naɪt]

你昨晚梦见什么了？

* 很多人发不好这个音。其实，[dr]=[dʒ]+[r]，先发[dʒ]，再发[r]即可，两个音不要分得太开。

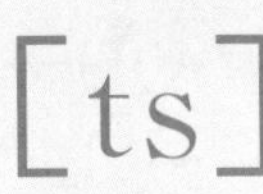

[ts]

塞擦音

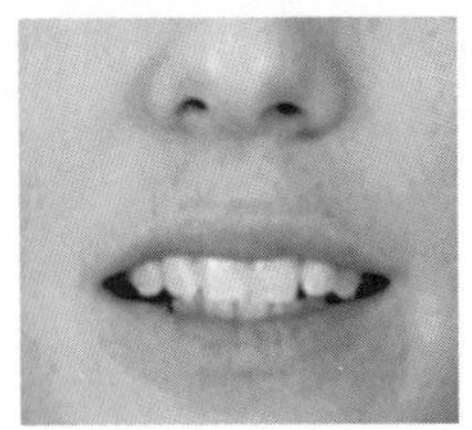

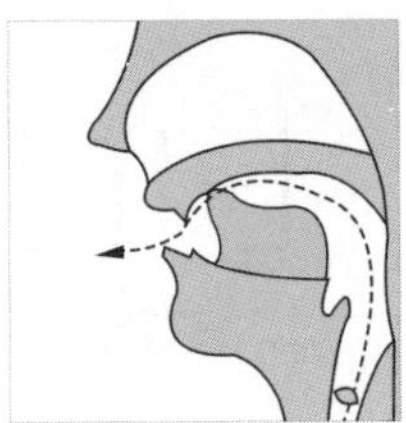

1）舌尖抵住上齿龈，形成阻碍；
2）气流冲破阻碍，先爆破后摩擦；
3）声带不振动。

cats [kæts] 猫	sits [sɪts] 坐
students ['stjuːdnts] 学生	kites [kaɪts] 风筝
seats [siːts] 位置	writes [raɪts] 写

 My students really like flying kites.

[maɪ] ['stjuːdnts] ['riːəli] [laɪk] ['flaɪɪŋ] [kaɪts]

我的学生真的很喜欢放风筝。

 It's raining cats and dogs.

[ɪts] ['reɪnɪŋ] [kæts] [ənd] [dɔːgz]

正在下倾盆大雨。

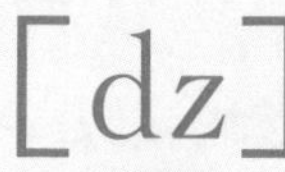

[dz]

塞擦音

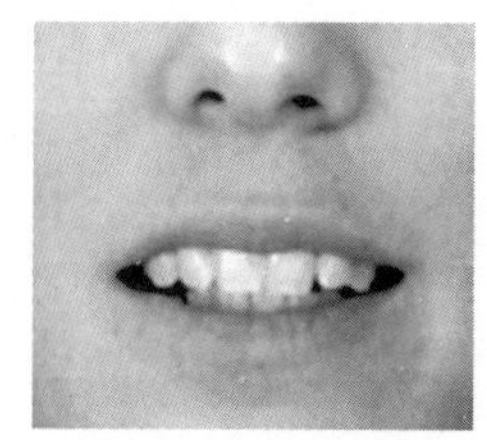

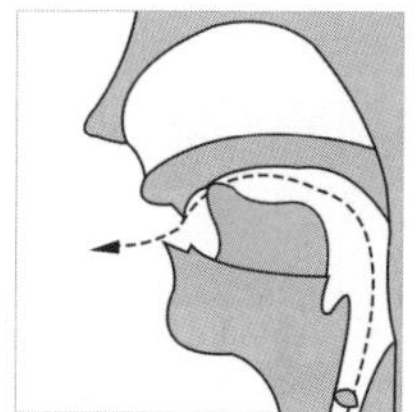

1）舌尖抵住上齿龈，形成阻碍；
2）气流冲破阻碍，先爆破后摩擦；
3）声带振动。

beds [bedz] 床	rides [raɪdz] 骑
kids [kɪdz] 孩子	sides [saɪdz] 边
stands [stændz] 站立	

I'll take the kids to the park.

[aɪl] [teɪk] [ðə] [kɪdz] [tuː] [ðə] [pɑːrk]

我会带孩子们去公园。

Every coin has two sides.

['evri] [kɔɪn] [hæz] [tuː] [saɪdz]

每个硬币都有两面。

Unit 10

辅音——鼻音

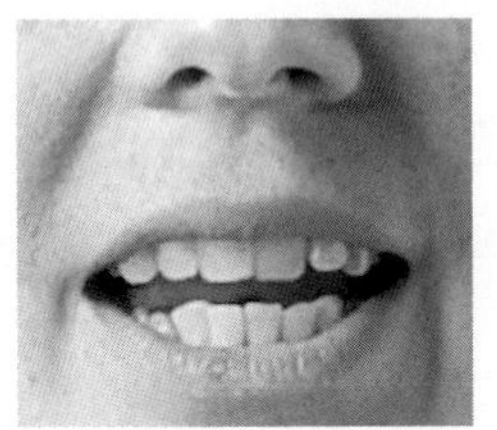

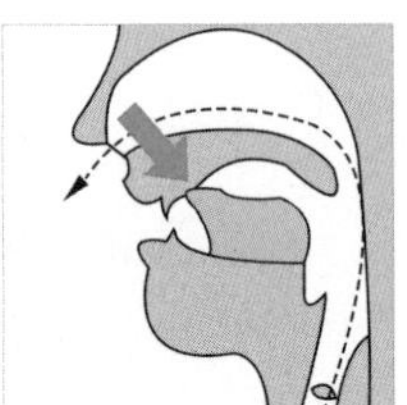

1）发音时舌尖抵上齿龈；

2）嘴唇微张；

3）气流从鼻腔送出。

name [neɪm] 名字	rain [reɪn] 下雨
night [naɪt] 晚上	son [sʌn] 儿子
nice [naɪs] 友好的	fine [faɪn] 好的
not [nɑːt] 不	fan [fæn] 扇子
near [nɪr] 附近	green [griːn] 绿色的

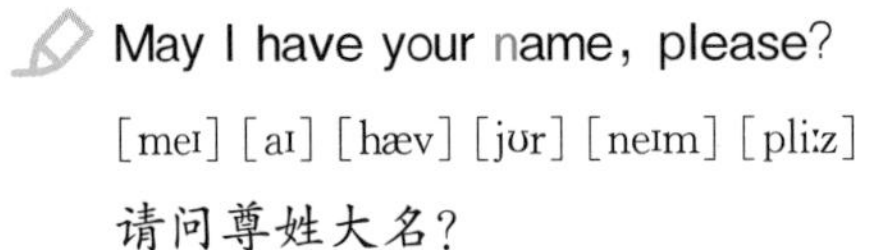

May I have your name, please?

[meɪ] [aɪ] [hæv] [jʊr] [neɪm] [pliːz]

请问尊姓大名？

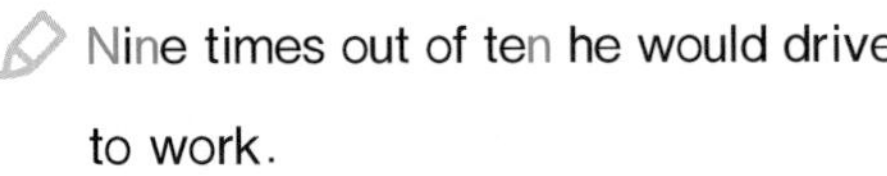

Nine times out of ten he would drive to work.

[naɪn] [taɪmz] [aʊt] [əv] [ten] [hi] [wʊd] [draɪv] [tuː] [wɜːrk]

他几乎都是开车去上班。

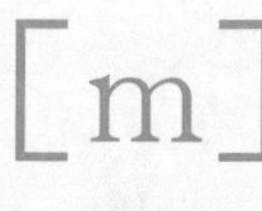

[m]
鼻音

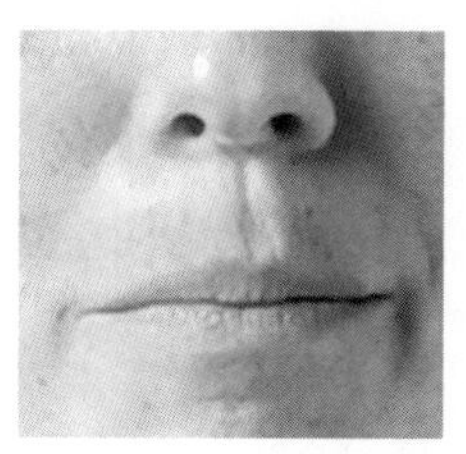

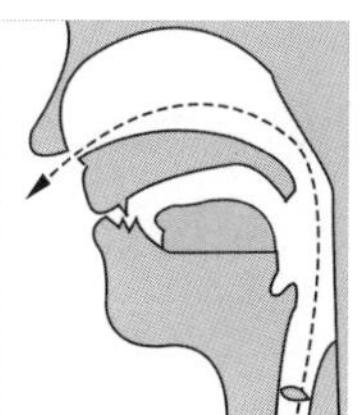

1）发音时舌头平放；
2）双唇紧闭；
3）气流从鼻腔送出。

make [meɪk] 制造	arm [ɑːrm] 手臂
milk [mɪlk] 牛奶	am [æm] 是
May [meɪ] 五月	name [neɪm] 名字
meat [miːt] 肉	time [taɪm] 时间
me [miː] 我	come [kʌm] 来

The room is empty.
[ðə] [ruːm] [ɪz] ['empti]
这个房间是空的。

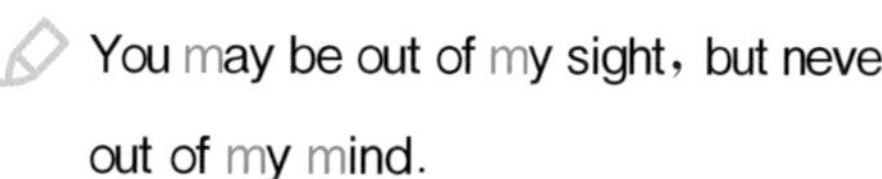

You may be out of my sight, but never out of my mind.
[juː] [meɪ] [biː] [aʊt] [əv] [maɪ] [saɪt] [bʌt] ['nevər] [aʊt] [əv] [maɪ] [maɪnd]
你也许已走出我的视线，但从未走出我的思念。

[n] [m] 辨析

an [æn] 一个	am [æm] 是
nap [næp] 打盹	map [mæp] 地图
gun [gʌn] 枪	gum [gʌm] 口香糖
nine [naɪn] 九	mine [maɪn] 我的
cane [keɪn] 手杖	came [keɪm] 来

[ŋ]

鼻音

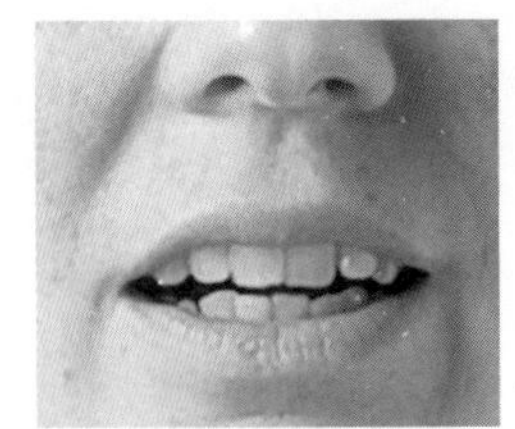

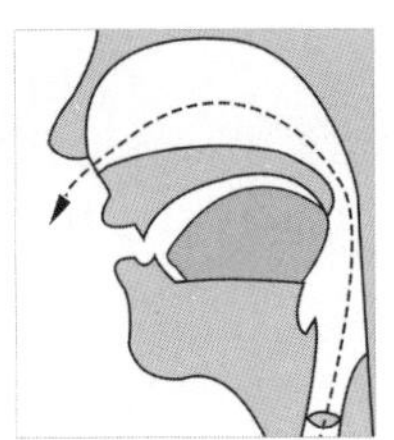

1）发音时嘴巴张得比发[n]时大；
2）舌根部上扬，抵住软腭；
3）气流从鼻腔流出。

sing [sɪŋ] 唱歌	hang [hæŋ] 悬挂
wing [wɪŋ] 翅膀	lung [lʌŋ] 肺部
bring [brɪŋ] 带来	link [lɪŋk] 链接
thing [θɪŋ] 事情	sink [sɪŋk] 下沉
spring [sprɪŋ] 春天	drink [drɪŋk] 饮料
song [sɔːŋ] 歌曲	think [θɪŋk] 想

 Do you like singing?
[də] [jə] [laɪk] [ˈsɪŋɪŋ]
你喜欢唱歌吗？

 A hungry man is an angry man.
[ə] [ˈhʌŋgri] [mæn] [ɪz] [ən] [ˈæŋgri] [mæn] 饿汉易怒。

[n] [ŋ] 辨析

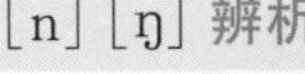

win [wɪn] 赢	wing [wɪŋ] 翅膀
thin [θɪn] 瘦的	thing [θɪŋ] 事情
sin [sɪn] 罪恶	sing [sɪŋ] 唱歌

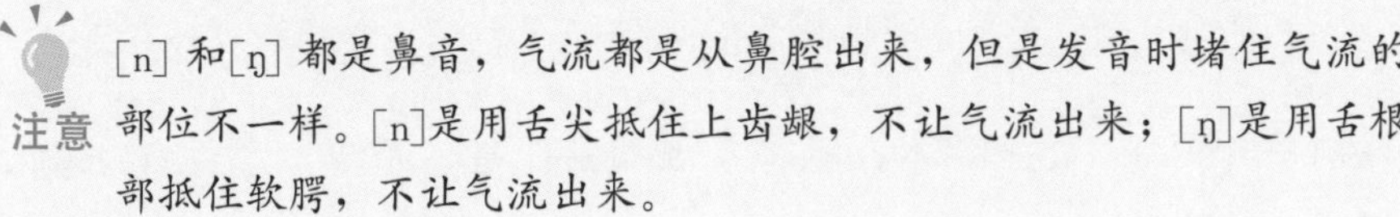

注意 [n] 和[ŋ] 都是鼻音，气流都是从鼻腔出来，但是发音时堵住气流的部位不一样。[n]是用舌尖抵住上齿龈，不让气流出来；[ŋ]是用舌根部抵住软腭，不让气流出来。

[ŋər] [ŋgər] 辨析

hanger [ˈhæŋər] 衣架	anger [ˈæŋgər] 愤怒
singer [ˈsɪŋər] 歌手	finger [ˈfɪŋgər] 手指

Unit 11

辅音——舌侧音

[l]

舌侧音

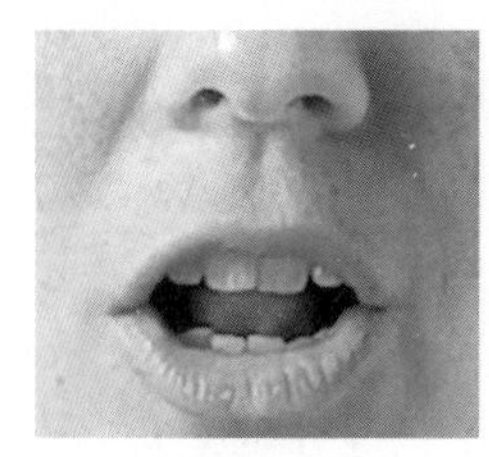

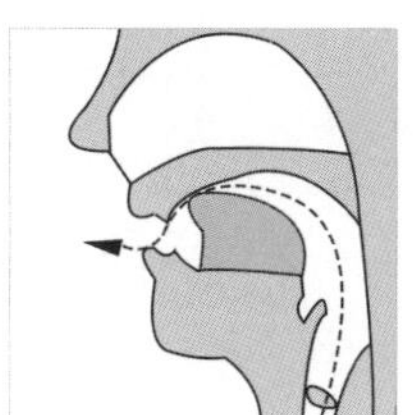

1）嘴巴略微张大；

2）舌尖抵住上齿龈根部，声带振动；

3）气息从舌头两侧出来。

light [laɪt] 灯	alive [ə'laɪv] 活着的
lip [lɪp] 嘴唇	look [lʊk] 看
lane [leɪn] 航道	
(注：[l] 出现在音节开头)	
little ['lɪtl] 小的	tail [teɪl] 尾巴
ball [bɔːl] 球	tall [tɔːl] 高
(注：[l] 出现在音节末尾*)	
milk [mɪlk] 牛奶	cold [koʊld] 冷的

 Live and learn.

[lɪv] [ənd]

活到老，学到老。

 I fell in love with you at first sight.

[aɪ] [fel] [ɪn] [lʌv] [wɪð] [juː] [ət] [fɜːrst] [saɪt]

我对你一见钟情。

---

* 当[l]后面没有元音的时候（又叫 Dark[l]），很多人发不好这个音，往往会发成“欧”。正确发音的关键是：舌尖一定要往上抬，抬到上齿龈处才能发出完整的音。

[l] [r] 辨析

light [laɪt] 光

lock [lɑːk] 锁

right [raɪt] 正确的

rock [rɑːk] 岩石

注意

1）舌尖的位置不同。[l]叫作舌音，是因为舌尖一定要触碰上齿龈，气流从舌头两侧出来。发[r]音时，舌尖轻轻扬起，不需要触碰口腔的任何部位；

2）发[r]音的关键在于舌根部一定要往后缩；

3）通常，发[r]音时嘴会微微撅起，而发[l]音时不会。

[l] [n] 辨析

light [laɪt] 光

late [leɪt] 迟到

night [naɪt] 晚上

Nate [neɪt] 内特

注意

很多人分不清[l]和[n]（他们可能也很难分清中文中的“蓝”和“难”），主要原因是这两个音的舌位相同，都在上齿龈。区分这两个音的关键是气流。[l]的气流是从口腔流出的，而[n]的气流一定要从鼻腔出来。

辅音——半元音

半元音

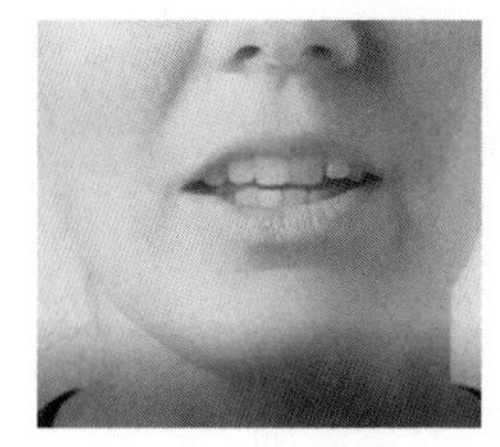

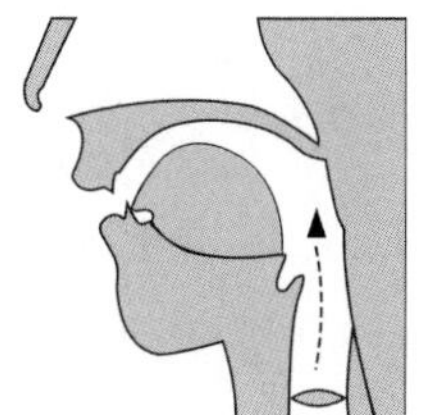

1）舌前部尽量向硬腭靠近；

2）双唇扁平，声带振动；

3）注意：不要发成中文中的“爷”*。

you [juː] 你	million [ˈmɪljən] 百万
yes [jes] 是的	unit [ˈjuːnɪt] 单元
yard [jɑːrd] 院子	yet [jet] 还
year [jɪr] 年	university [ˌjuːnɪˈvɜːrsəti] 大学
onion [ˈʌnjən] 洋葱	

 She is young and beautiful.

[ʃi] [ɪz] [jʌŋ] [ən] [ˈbjuːtɪfl]

她年轻又漂亮。

 Thanks a million.

[θæŋks] [ə] [ˈmɪljən]

非常感谢。

*[j]是半元音，发音时口型和发元音[iː]时有点相似，但它仍然是辅音。元音可以单独成音、可以延长；半元音不能单独成音，也不能延长，必须立即滑向下一个元音，因此又叫“滑音”。

[w]

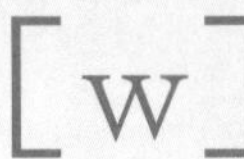

半元音

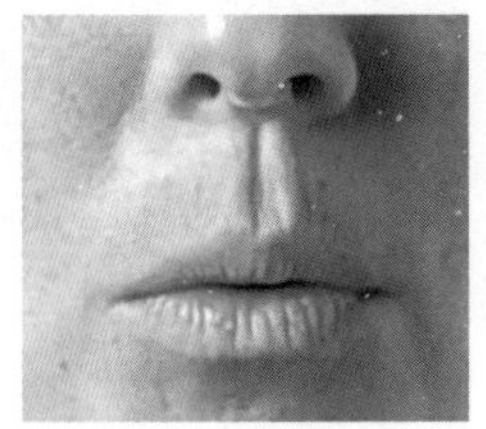

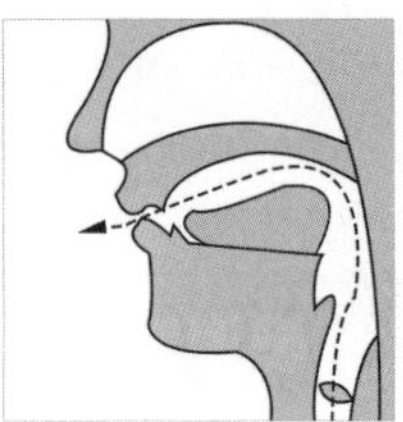

1）双唇收小并向前突出；

2）声带振动；

3）发音短促；

4）立刻滑向其后的元音*。

watch [wɑːtʃ] 观看	when [wen] 什么时候
water [ˈwɑːtər] 水	where [wer] 哪里
week [wiːk] 星期	which [wɪtʃ] 哪个
wash [wɑːʃ] 洗	woman [ˈwʊmən] 女性
what [wɑːt] 什么	would [wʊd] 将

 Once in a while we eat out.

[wʌns] [ɪn] [ə] [waɪl] [wiː]
[iːt] [aʊt]

我们偶尔去外面吃饭。

Where there is a will, there is a way.

[wer] [ðer] [ɪz] [ə] [wɪl] [ðer] [ɪz]
[ə] [weɪ]

有志者，事竟成。

---

*[w]是半元音，发音时口型和发元音[uː]时很相似，但它仍然是辅音。元音可以单独成音、可以延长；半元音不能单独成音，也不能延长，必须立即滑向下一个元音，因此又叫“滑音”。

语音现象

Chapter II

Unit 01 连读

我们平时说中文时，并不会一字一顿，把每个词都说得非常清晰，相反，我们说话时会吞音、会犹豫、会偷懒。

说英语，同样是这个道理。

真正的英语母语者在日常交流中也会偷懒，而不会把每个词都发得很清晰，目的是让说话更轻松、更流畅。因此，就有了“连读”这种语音现象。

简单说来，连读就是在说话的过程中，不要把单词一个一个分开，而是将同一个意群中的单词连在一起说，以确保语流更加顺畅。英文的最小语音单位是音素，根据音素的分类，我们可以把连读分为三大类：辅音 + 元音；元音 + 元音；辅音 + 辅音*。

1 辅音+ 元音

所谓“辅音 + 元音”式连读，就是当前一个单词以辅音结尾而后一个单词以元音开头时，我们将这个辅音和元音一起拼读。例如，look out，如果一个单词一个单词读，就是[lʊk] [aʊt]，连起来可直接读成[lʊkaʊt]。

look out [lʊk] [aʊt] 小心

fall in love [fɔːl] [ɪn] [lʌv] 坠入爱河

take off [teɪk] [ɑːf] 脱掉；起飞

turn off [tɜːrn] [ɑːf] 关掉

look for it [lʊk] [fər] [ɪt] 寻找它

turn up [tɜːrn] [ʌp] 开大

turn on [tɜːrn] [ɑːn] 打开

look at [lʊk] [ət] 看

arrive at [əˈraɪv] [ət] 到达

take out [teɪk] [aʊt] 拿出来

look after [lʊk] [ˈæftər] 照顾

afraid of [əˈfreɪd] [əv] 害怕

good at [gʊd] [ət] 擅长

interested in [ˈɪntrestɪd] [ɪn]对……感兴趣

mother-in-law [ˈmʌðərɪnlɔː] 岳母，婆婆

Tower of London [ˈtaʊər] [əv] [ˈlʌndən] 伦敦塔

here and there [hɪr] [ən] [ðer] 到处

---

* 本书中的“元音”即“元音音素”；“辅音”即“辅音音素”。

far away [fɑːr] [ə'weɪ] 遥远	take care of [teɪk] [ker] [əv] 照顾
kill it [kɪl] [ɪt] 杀了它	feel about [fiːl] [ə'baʊt] 感觉
fill out [fɪl] [aʊt] 填写	full of water [fʊl] [əv] ['wɑːtər] 装满水
not at all [nɑːt] [æt] [ɔːl] 一点儿也不	take it easy [teɪk] [ɪt] ['iːzi] 别紧张
run out of [rʌn] [aʊt] [əv] 用光，耗尽	best of all [best] [əv] [ɔːl] 最好的
pick it up [pɪk] [ɪt] [ʌp] 把它捡起来	an hour ago [ən] ['aʊər] [ə'goʊ] 一小时前

It's an old book. [ɪts] [ən] [oʊld] [bʊk] 这是一本旧书。

Let me have a look at it. [let] [mi] [hæv] [ə] [lʊk] [æt] [ɪt] 让我看看它。

I will always take care of you. [aɪ] [wɪl] ['ɔːlweɪz] [teɪk] [ker] [əv] [juː] 我会永远照顾你。

I'm an English teacher. [aɪm] [ən] ['ɪŋglɪʃ] ['tiːtʃər] 我是一名英语老师。

She runs a training center. [ʃi] [rʌnz] [ə] ['treɪnɪŋ] ['sentər] 她经营着一家培训中心。

I fell in love with you. [aɪ] [fel] [ɪn] [lʌv] [wɪð] [juː] 我爱上了你。

2 元音+ 元音

在同一个意群中，当前面的单词以元音（[uː]/[ʊ]，[iː]/[ɪ]）结尾，后一个单词以元音开头时，两个音之间会自然地产生一个半元音[w]/[j]。

1 [uː]/[ʊ] +元音 → [uː]/[ʊ]+[w] +元音

go away [goʊ] [ə'weɪ] → [goʊ] [wə'weɪ] 消失

go on [goʊ] [ɑːn] → [goʊ] [wɑːn] 继续

Just do it! [dʒʌst] [duː] [ɪt] → [dʒʌst] [duː] [wɪt] 想做就做！

Do I? [duː] [aɪ] → [duː] [waɪ] 我有吗？

注意

连读也会出现在单个单词中*。

going ['goʊɪŋ]	doing ['duːɪŋ]	fluent ['fluːənt]
heroic [hɪ'roʊɪk]	allowance [ə'laʊəns]	tuition [tu'ɪʃn]

* 虽然单词的音标中未标出[w]，但是大家会发现，当地道母语者读这些单词的时候，往往会自然地产生"元音+元音"式连读，中间会用半元音[w]过渡。

2 [iː]/[ɪ]+元音→[iː]/[ɪ]+[j]+元音

he is [hiː] [ɪz] → [hiː] [jɪz] 他是

She can't carry it. [ʃi] [kænt] ['kæri] [ɪt] → [ʃi] [kænt] ['kæri] [jɪt]
她拿不动它。

Stay out of it. [steɪ] [aʊt] [əv] [ɪt] → [steɪ] [jaʊt] [əv] [ɪt] 别多管闲事。

Just say it. [dʒʌst] [seɪ] [ɪt] → [dʒʌst] [seɪ] [jɪt] 说吧。

注意

连读也会出现在单个单词中*。

lion ['laɪən]　　science ['saɪəns]

idea [aɪ'diːə]　　idiot ['ɪdiət]

3 辅音+辅音

所谓"辅音+辅音"式连读，就是当前一个单词以辅音结尾、后一个单词以辅音开头时，把两个单词连起来读。"辅音+辅音"式连读很复杂，包括三种情况：叠读、音变和失去爆破**。

1 叠读

所谓叠读，就是当前一个单词以某个辅音（6个爆破音[p]，[b]，[t]，[d]，[k]，[g]除外）结尾、后一个单词以同样的辅音开头时，这两个辅音会出现声音的重叠，听起来好像只发了一个音，而语流也会更加顺畅。

nice sofa [naɪs] ['soʊfə] 漂亮的沙发

gas station [gæs] ['steɪʃn] 加油站

same mistake [seɪm] [mɪ'steɪk] 同样的错误

This sucks! [ðɪs] [sʌks] 这太糟糕了！

What do you want from me? [wʌt] [duː] [juː] [wɑːnt] [frəm] [mi]
你想从我这里得到什么？

---

* 虽然单词的音标中未标出[j]，但是大家会发现，当地道母语者读这些单词的时候，往往会自然地产生"元音+元音"式连读，中间会用半元音[j]过渡。

** 由于"失去爆破"本身很复杂，还可以细分，因此我会在接下来的"Unit 02 失去爆破"中单独讲解。

2 音变

当前面的单词以[t]/[d]结尾、后面的单词以[j]（字母 y）开头时，两个音就会变成一个新的音，即：[t]+[j]→[tʃ]或[d]+[j]→[dʒ]。

（1）[t]+[j]→[tʃ]

Nice to meet you. [naɪs] [tuː] [miːt] [juː] → [naɪs] [tuː] [miː tʃuː]
很高兴见到你。

Can't you do it? [kænt] [juː] [duː] [ɪt] → [kæn tʃuː] [duː] [ɪt] 你不能做吗？

I'll let you know. [aɪl] [let] [juː] [noʊ] → [aɪl] [le tʃuː] [noʊ] 我会让你知道的。

Haven't you? ['hævnt] [juː] → ['hævn tʃuː] 不是吗？

注意

音变也会出现在单个单词中。

actually* ['æktʃuəli] 实际上　　nature ['neɪtʃər] 自然

virtual ['vɜːrtʃuəl] 虚拟的

（2）[d]+[j]→[dʒ]

Did you like it? [dɪd] [juː] [laɪk] [ɪt] → [dɪ dʒuː] [laɪk] [ɪt] 你喜欢它吗？

Could you help me? [kʊd] [juː] [help] [mi] → [kʊ dʒuː] [help] [mi]
你能帮我吗？

注意

音变也会出现在单个单词中。

education [ˌedʒu'keɪʃn] 教育　　graduate ['grædʒuət] 毕业

---

* 为什么在 actually/nature/virtual 这些单词中，字母 t 不发[t]而发[tʃ]呢？这是因为单词内部出现了音变。字母 t 原本发[t]，而字母 u 发[juː]，当这两个音连在一起时就出现了音变，发音就变成了[tʃuː]。在 nature 中，由于重音在前，因而出现了弱读现象，变成了[tʃə]。关于"弱读"现象，我在后面的章节中会讲到，希望大家能够坚持学习。

Unit 02 失去爆破

失去爆破指的是当前一个单词以爆破音结尾、后一个单词以辅音开头时，结尾爆破音的声音和气流会减弱的语音现象。这种语音现象产生的根本原因是：爆破音本身是先憋气，然后让气流冲破阻碍。爆破音本来先憋气再送气就很累，当后面紧跟一个送气的辅音时，在语速很快的情况下就很难做到。而通过减弱声音和气流，发音就会更加轻松。所以，失去爆破是说英语时“偷懒”的一种表现。

失去爆破分为两种情形：完全失去爆破和不完全失去爆破。

1 完全失去爆破

[p]，[b]，[t]，[d]，[k]，[g]当中的任意两个爆破音在一起时，前一个只做口型而不发音。这种情形即完全失去爆破。

hard times [hɑːrd] [taɪmz] 困难时期	big kite [bɪg] [kaɪt] 大风筝
hot bed [hɑːt] [bed] 温床	red coat [red] [koʊt] 红色的外套
black tea [blæk] [tiː] 红茶	old picture [oʊld] ['pɪktʃər] 老照片
next door [nekst] [dɔːr] 隔壁，邻居	big bus [bɪg] [bʌs] 大巴士
wet ground [wet] [graʊnd] 潮湿的地面	black coffee [blæk] ['kɑːfi] 黑咖啡
quite different [kwaɪt] ['dɪfrənt] 大不相同的	sit down [sɪt] [daʊn] 坐下

My favorite program is *The Road to Music*.
[maɪ] ['feɪvərɪt] ['proʊgræm] [ɪz] [ðə] [roʊd] [tə] ['mjuːzɪk]
我最喜欢的节目是《音乐之路》。

Have you read today's newspaper? [hæv] [jə] [red] [tə'deɪz] ['nuːzpeɪpər]
你看过今天的报纸了吗？

He organized a big band. [hi] ['ɔːrgənaɪzd] [ə] [bɪg] [bænd]
他组织了一支大型乐队。

This is a bit difficult. [ðɪs] [ɪz] [ə] [bɪt] ['dɪfɪkəlt] 这有点难。

Do you know any cheap place to stay?

[də] [ju:] [noʊ] ['eni] [tʃi:p] [pleɪs] [tə] [steɪ]

你知道有便宜的地方住吗?

That can't be true. [ðæt] [kænt] [bi:] [tru:]

那不可能是真的。

注意

完全失去爆破也会出现在单个单词中*。

blackboard ['blækbɔ:rd] 黑板　handbag ['hændbæg] 手提包

empty ['empti] 空的　goodbye [gʊd'baɪ] 再见

football ['fʊtbɔ:l] 足球　doctor ['dɑ:ktər] 医生

2 不完全失去爆破

当"爆破音+爆破音之外的其他辅音"连在一起时,第一个爆破音刚发出,立刻过渡到第二个音。第一个爆破音非常轻微,甚至听不到。这种情形即不完全失去爆破。

good morning [gʊd] ['mɔ:rnɪŋ] 早上好

at noon [æt] [nu:n] 中午

loud noise [laʊd] [nɔɪz] 很大的噪声

odd numbers [ɑ:d] ['nʌmbərz] 奇数

bright future [braɪt] ['fju:tʃər] 光明的未来

good memory [gʊd] ['meməri] 良好的记忆力

that chair [ðæt] [tʃer] 那张椅子

take three [teɪk] [θri:] 拿三个

attend meetings [ə'tend] ['mi:tiŋz] 参加会议

keep silent [ki:p] ['saɪlənt] 保持沉默

not mine [nɑ:t] [maɪn] 不是我的

book shelves [bʊk] [ʃelvz] 书架

not now [nɑ:t] [naʊ] 不是现在

* 完全失去爆破不仅存在于单词之间,而且存在于单词内部。当[p]、[b]、[t]、[d]、[k]、[g]当中的任意两个爆破音连在一起时,前一个只做口型而不发音。

I didn't say so. [aɪ] ['dɪdnt] [seɪ] [soʊ] 我没有这么说。

Do you know his bike number? [duː] [juː] [noʊ] [hɪz] [baɪk] ['nʌmbər]

你知道他的自行车牌号吗?

It must be expensive. [ɪt] [məst] [biː] [ɪk'spensɪv]

它一定很贵。

注意

不完全失去爆破也会出现在单个单词中。

picture ['pɪktʃər] 照片　　advance [əd'væns] 提前

friendly ['frendli] 友好的　　recently ['riːsəntli] 最近

"连读"小结

连读	分类
辅 + 元	辅音 + 元音
元 + 元	[uː]/[ʊ] + [w] + 元音 [iː]/[ɪ] + [j] + 元音
辅 + 辅	叠读
	音变 [t] + [j]→[tʃ] [d] + [j]→[dʒ]
	失去爆破

Unit 03 击穿

击穿常出现在以 h 开头的语法词（功能词）中，例如 him，his，her，由于[h]音很轻，在语速很快的情况下，几乎可以忽略。这样前面单词的尾音和后面单词[h]后的元音形成连读，语流会更加顺畅。

单词的分类

语法词（功能词）：在句子中传递的信息很少，主要起语法作用，包括冠词、介词、连词、助动词和代词。

信息词（实词）：在句子中传递主要信息的词，包括名词、实义动词、形容词和副词。

1 her 击穿 [hɜːr]/[hər]→[ər]

I'll tell her we're leaving. [əl] [tel] [ə] [wər] ['liːvɪŋ] 我会告诉她我们要走了。

解析 her 击穿后为 [ər]，和 tell 形成"辅音 + 元音"式连读，tell her 的实际发音为 ['telər]。

Talk to her? [tɔːk] [tuː] [ər] 和她聊？

解析 her 击穿后为 [ər]，和 to 形成"元音 + 元音"式连读，to her 的实际发音为 ['tuːwər]。

I gave her the letter. [aɪ] [geɪv] [ər] [ðə] ['letər] 我给了她这封信。

解析 her 击穿后为 [ər]，和 gave 形成"辅音 + 元音"式连读，gave her 的实际发音为 ['geɪvər]。

2 him 击穿 [hɪm] → [ɪm]

If you see Kevin, give him my love. [ɪf] [juː] [siː] ['kevɪn] [gɪv] [ɪm] [maɪ] [lʌv] 如果你看到凯文，请代我向他问好。

解析 him 击穿后为 [ɪm]，和 give 形成"辅音 + 元音"式连读，give him 的实际发音为['gɪvɪm]。

3 he 击穿 [hi] → [i]

Was he there? [wəz] [i] [ðer] 他之前在那儿吗?

he 击穿后为[i]，和 was 形成“辅音＋元音”式连读，was he 的实际发音为['wəzi]。

At first he never came; he now comes regularly.

[æt] [fɜːrst] [i] ['nevər] [keɪm] [hi] [naʊ] [kʌmz] ['regjələrli]

起初他没来，现在他定期来。

解析 he 通常可以击穿为[i]，如果击穿后可以与前面的单词形成连读，通常会连读。但若是在句首，通常不击穿。

4 his 击穿 [hɪz] → [ɪz]

What was his name again? [wʌt] [wəz] [ɪz] [neɪm] [ə'gen]

他叫什么名字来着?

解析 his 击穿后为[ɪz]，和 was 形成“辅音＋元音”式连读，was his 的实际发音为['wəzɪz]。

I don't know how he can afford a new car on his salary.

[aɪ] [doʊnt] [noʊ] [haʊ] [hi] [kən] [ə'fɔːrd] [ə] [nuː] [kɑːr] [ɑːn] [ɪz] ['sæləri]

我不知道他靠工资怎么买得起一辆新车。

解析 his 击穿后为[ɪz]，和 on 形成“辅音＋元音”式连读，on his 的实际发音为['ɑːnɪz]。

He's quite tall for his age. [hiz] [kwaɪt] [tɔːl] [fər] [ɪz] [eɪdʒ]

就他的年龄来说，他相当高了。

解析 he 出现在句首时不击穿。his 击穿后为[ɪz]，和 for 形成“辅音＋元音”式连读，for his 的实际发音为['fərɪz]。

5 have 击穿 [hæv] / [həv] → [əv]

She might have gone. [ʃi] [maɪt] [əv] [gɔːn] 她可能已经走了。

have 用作助动词时，属于语法词。可以先弱化为[həv]，再击穿为[əv]，和 might 形成“辅音 + 元音”式连读，might have 的实际发音为['maɪtəv]。

House prices have come down recently.
[haʊs] ['praɪsɪz] [əv] [kʌm] [daʊn] ['riːsntli] 房价最近下降了。

have 用作助动词时，属于语法词。可以先弱化为[həv]，再击穿为[əv]，和 prices 形成“辅音 + 元音”式连读，prices have 的实际发音为['praɪsɪzəv]。

6 has 击穿 [hæz] /[həz] → [əz]

My friend has seen it twice. [maɪ] [frend] [əz] [siːn] [ɪt] [twaɪs]
我朋友已经见过它两次。

has 用作助动词时，属于语法词。可以先弱化为[həz]，再击穿为[əz]，和 friend 形成“辅音 + 元音”式连读，friend has 的实际发音为['frendəz]。

7 had 击穿 [hæd] / [həd] → [əd]

The bus had stopped. [ðə] [bʌs] [əd] [stɑːpt] 公交车停了。

解析 had 用作助动词时，属于语法词。可以先弱化为[həd]，再击穿为[əd]，和 bus 形成“辅音 + 元音”式连读，bus had 的实际发音为['bʌsəd]。

“击穿”小结

词性	单词	击穿前	击穿后
代词	her	[hɜːr, hər]	[ər]
	him	[hɪm]	[ɪm]
	he	[hiː]	[iː]
	his	[hɪz]	[ɪz]
助动词	have	[hæv, həv]	[əv]
	has	[hæz, həz]	[əz]
	had	[hæd, həd]	[əd]

Unit 04 弱读

在连贯的话语中，并非所有的词都同样重要，也不可能将时间平均分配给每一个词，否则就会主次不分。在一句话中，必然有些词较为关键，需要重读，发音响亮清楚，时间拖长，语速较慢，以便对方能够听懂并且抓住关键信息；有些词则是次要的，可以弱读，发音时间缩短，语速较快。一般来说，实词需要重读，虚词可以弱读。

实词（又叫“信息词”）指的是意思上比较重要的词，主要包括名词、实义动词、形容词和副词。虚词是起语法作用的词，我们又称其为“语法词”，包括介词、连词、冠词、助动词和代词。

1 介词的弱读

常见的弱读介词包括 at，for，of，as，to，from，than 等。

at

at 的强读形式为[æt]，弱读形式为[ət]。

Meet me at 10. [miːt] [mi] [æt, ət] [ten] 10 点见。

for

for 的强读形式为[fɔːr]，弱读形式为[fər]。

He asked for you. [hiː] [æskt] [fɔːr, fər] [juː] 他要找你。

of

of 的强读形式为[ʌv]，弱读形式为[əv]和[ə]。在日常口语中，当 of 后面接辅音时，可以进一步弱化为[ə]

Have a cup of coffee? [hæv] [ə] [kʌp] [ʌv, əv, ə] [ˈkɑːfi] 要来杯咖啡吗？

as

as 的强读形式为[æz]，弱读形式为[əz]。

It started as a joke. [ɪt] [ˈstɑːrtɪd] [æz, əz] [ə] [dʒoʊk] 刚开始只是开玩笑。

I took it as a joke. [aɪ] [tʊk] [ɪt] [æz, əz] [ə] [dʒoʊk] 我把它当作玩笑。

to

to 的强读形式为[tuː]，弱读形式为[tə]。

I am going to go. [aɪ] [æm] ['goʊɪŋ] [tuː, tə] [goʊ] 我要走了。

from

from 的强读形式为[frɑːm]，弱读形式为[frəm]。

This was from the garden. [ðɪs] [wəz] [frɑːm, frəm] [ðə] ['gɑːrdn]
这是从花园里来的。

than

than 的强读形式为[ðæn]，弱读形式为[ðən]。

You're earlier than usual. [jʊr] ['ɜːrliər] [ðæn, ðən] ['juːʒuəl] 你比平时早。

2 连词的弱读

连词在句子中起连接作用，不传递主要意思，所以经常弱读。常见的弱读连词有 and，but，because，that，or。

and

and 的强读形式为[ænd]，弱读形式为[ənd]，[ən]，[n]。and 在口语中很少读成[ænd]或[ənd]，一般都是弱化成[ən]或[n]。如果前一个单词以辅音结尾，通常读成[ən]，以形成“辅音＋元音”式连读。当 and 出现在句子开头时，一般读成最简单的[n]。在英语考试中，为了降低难度，通常读为[æn]。

fish and orange [fɪʃ] [ənd, ən, n, ænd] ['ɔːrɪndʒ] 鱼和橙子

mom and dad [mɑːm] [ənd, ən, n, ænd] [dæd] 爸爸妈妈

The baby cried and cried. [ðə] ['beɪbi] [kraɪd] [ənd, ən, n, ænd] [kraɪd]
婴儿哭了又哭。

And I think it'll be OK. [ənd, ən, n, ænd] [aɪ] [θɪŋk] ['ɪtl] [biː] [oʊ'keɪ]
我觉得没事。

but

but 的强读形式为[bʌt]，弱读形式为[bət]。but 为转折连词，意为“但是”。

She's not only a painter but also a writer.
[ʃiz] [nɑːt] ['oʊnli] [ə] ['peɪntər] [bʌt, bət] ['ɔːlsoʊ] [ə] ['raɪtər]
她不仅是画家，还是作家。

But how can you do that? [bʌt, bət] [haʊ] [kæn, kən] [juː, jə] [duː] [ðæt]

但是你怎么能这么做呢？

because

because 的强读形式为[bɪ'kɔːz]，弱读形式为[bɪ'kəz]。because 为从属连词，意为“因为”。

—Why did you do that? [waɪ] [did] [juː, jə] [duː] [ðæt]

你为什么那么做？

— Because I made a promise. [bɪ'kɔːz, bɪ'kəz] [aɪ] [meɪd] [eɪ, ə] ['prɑːmɪs]

因为我承诺过。

that

that 的强读形式为[ðæt]，弱读形式为[ðət]。that 为从属连词，引导宾语从句、主语从句、定语从句等。

I understand that you're disappointed.

[aɪ] [ˌʌndər'stænd] [ðæt, ðət] [jʊr, jər] [ˌdɪsə'pɔɪntɪd]

我理解你很失望。

or

or 的强读形式为[ɔːr]，弱读形式为[ər]。or 为并列连词，表示选择关系，意为“否则，还是”。

Yes or no? [jes] [ɔːr, ər] [noʊ] 是不是？

Change your vote or you'll be sorry.

[tʃeɪndʒ] [jʊr, jər] [voʊt] [ɔːr, ər] [jʊl] [biː] ['sɑːri]

改变你的投票，否则你会后悔的。

3 冠词的弱读

a

a 的强读形式为[eɪ]，弱读形式为[ə]。a 表示“一个”，用在以辅音开头的单词前（例如 a cup）。

It's a little bit funny. [ɪts] [eɪ, ə] ['lɪtl] [bɪt] ['fʌni] 这有点好笑。

an

an 的强读形式为[æn]，弱读形式为[ən]。an 表示“一个”，用在以元音开头的单词前（例如 an hour）。

I ate an orange. [aɪ] [eɪt] [æn，ən] ['ɔrɪndʒ] 我吃了一个橙子。

the

the 的强读形式为[ðiː]（位于元音前），弱读形式为[ðə]（位于辅音前）。the 用于表示特指，意为“这个，那个”（例如 the cup）。

The shirt was pretty expensive，but the shoes weren't.

[ðə] [ʃɜːrt] [wʌz，wəz] ['prɪti] [ɪk'spensɪv] [bʌt，bət] [ðə] [ʃuːz] [wɜːrnt]

这件衬衫很贵，但这双鞋子却不贵。

Do you like the other kids in your class?

[duː，dʊ，də] [juː，jə] [laɪk] [ðiː] ['ʌðər] [kɪdz] [ɪn] [jʊr，jər] [klæs]

你喜欢班上的其他孩子吗？

4 常见助动词的弱读

常见的弱读助动词包括 have，has，had，do，does，should，would，could，can，must，will，were，was，am，are 等。

have*

have 的强读形式为[hæv]，弱读形式为[həv]和[əv]。have 用作实义动词（意为“有”）时，通常读为[hæv]；用作助动词（构成现在完成时）时，通常读为[həv]和[əv]。如果 have 用作助动词位于句首，则通常读为[həv]。若前面有其他单词可以和[əv]形成连读，则直接读为最省力的[əv]。

Have you had dinner? [hæv，həv，əv] [juː，jə] [hæd] ['dɪnər]

你吃过晚饭了吗？

House prices have come down recently.

[haʊs] ['praɪsɪz] [hæv，həv，əv] [kʌm] [daʊn] ['riːsntli] 房价最近下降了。

has

has 的强读形式为[hæz]，弱读形式为[həz]和[əz]。has 用作实义动词（意为“有”）时，通常读为[hæz]；用作助动词（构成现在完成时）时，通常读为 [həz]

---

* have，has，had 这三个单词都是先弱化，再击穿。弱化和击穿都是英语口语中“发音偷懒”的方式。

和[əz]。

She has had dinner. [ʃi] [hæz，həz，əz] [hæd] ['dɪnər] 她已经吃过晚饭了。

had

had 的强读形式为[hæd]，弱读形式为[həd]和[əd]。had 用作实义动词（意为"有"）时，通常读为[hæd]；用作助动词（构成现在完成时）时，通常读为[həd]和[əd]。

The bus had stopped. [ðə] [bʌs] [hæd，həd，əd] [stɑːpt] 公交车停了。

do

do 的强读形式为[duː]，弱读形式为[də]。do 用作实义动词时，通常读为[duː]；用作助动词（构成否定句和疑问句）时，通常读为[də]。另外，do not 在听力和口语中经常缩写为 don't。

Do you want to try it? [duː，də] [juː，jə] [wɑːnt] [tuː，tə] [traɪ] [ɪt]

你想试试吗？

does

does 的强读形式为[dʌz]，弱读形式为[dəz]。does 用作实义动词时，通常读为[dʌz]；用作助动词（构成否定句和疑问句）时，通常读为[dəz]。另外，does not 在听力和口语中经常缩写为 doesn't。

Does she know it? [dʌz，dəz] [ʃi] [noʊ] [ɪt] 她知道吗？

should

should 的强读形式为[ʃʊd]，弱读形式为[ʃəd]，should 通常弱读，后接元音形成"辅音 + 元音"式连读（例如：should I）；后接辅音则失去爆破（例如：should go）。

What should I do? [wʌt] [ʃəd] [aɪ] [duː] 我应该怎么做？

We should go. [wi] [ʃəd] [goʊ] 我们得走了。

would

would 的强读形式为[wʊd]，弱读形式为[wəd]。would 通常弱读，后接元音形成"辅音 + 元音"式连读（例如：would I）；后接辅音则失去爆破（例如：would go）。

I would have told you. [aɪ] [wəd] [əv] [toʊld] [juː] 我原本应该告诉你的。

could

could 的强读形式为[kʊd]，弱读形式为[kəd]。could 通常弱读，后接元音形成"辅音 + 元音"式连读（例如：could I）；后接辅音则失去爆破（例如：could go)。

Could I speak to Mr Davis，please?
[kʊd，kəd] [aɪ] [spiːk] [tuː，tə] ['mɪstər] ['deɪvɪs] [pliːz]
请戴维斯先生听电话好吗？

can

can 的强读形式为[kæn]，弱读形式为[kən]。can 为肯定形式，表达非重要信息时常弱读为[kən]，不强读为[kæn]；can't 为否定形式，表达重要信息时重读为[kænt]，但是当其后接辅音时，[t]会失去爆破，只做口型而不发音。

You can have it. [juː，jə] [kæn，kən] [hæv] [ɪt] 给你吧。
Can you stop yelling? [kæn，kən] [juː，jə] [stɑːp] ['jelɪŋ] 你能不能别大喊大叫了？
I can't go. [aɪ] [kænt] [goʊ] 我不能走。

must

must 的强读形式为[mʌst]，弱读形式为[məst]。
You must do it. [juː，jə] [mʌst，məst] [duː] [ɪt] 你必须做。

will

will 的强读形式为[wɪl]，弱读形式为[wəl]。
Will you do it? [wɪl，wəl] [juː，jə] [duː] [ɪt] 你会去做吗？

were

were 的强读形式为[wɜːr]，弱读形式为[wər]。
What were you doing? [wʌt] [wɜːr，wər] [juː，jə] ['duːɪŋ] 你那时在做什么？

was

was 的强读形式为[wʌz]，弱读形式为[wəz]。
She was teaching. [ʃi] [wʌz，wəz] ['tiːtʃɪŋ] 她当时在讲课。

am

am 的强读形式为[æm]，弱读形式为[əm]。

I am making a phone call. [aɪ] [æm, əm] ['meɪkɪŋ] [ə] [foʊn] [kɔːl]

我正在打电话。

What am I doing? [wʌt] [æm, əm] [aɪ] ['duːɪŋ] 我在做什么？

are

are 的强读形式为[ɑːr]，弱读形式为[ər]。

How are you doing? [haʊ] [ɑːr, ər] [juː, jə] ['duːɪŋ] 你好吗？

What are you guys doing tomorrow night?

[wʌt] [ɑːr, ər] [juː, jə] [gaɪz] ['duːɪŋ] [tə'mɑːroʊ] [naɪt]

你们明天晚上要做什么？

> **跟读练习**
>
> Why am I doing this?
>
> [waɪ] [æm, əm] [aɪ] ['duːɪŋ] [ðɪs]
>
> 我为什么要这么做？
>
> And who am I doing this for?
>
> [ænd, ənd, ən, n] [huː] [æm, əm] [aɪ] ['duːɪŋ] [ðɪs] [fɔːr, fər]
>
> 我这么做是为了谁？

5 代词的弱读

常见的弱读代词包括 you，your，them，her，us 等。

you

you 的强读形式为[juː]，弱读形式为[jə]。

I told you that. [aɪ] [toʊld] [juː, jə] [ðæt] 我告诉过你。

your

your 的强读形式为[jʊr]，弱读形式为[jər]。

Where's your mom? [werz] [jʊr, jər] [mʌm] 你妈妈在哪儿?

them

them 的强读形式为[ðem]，弱读形式为[ðəm]。另外，在日常生活中，地道母语者经常会"偷懒"，将 them 弱读为[əm]，进而与前面的单词形成连读。

I can't find them anywhere.

[aɪ] [kænt] [faɪnd] [ðem, ðəm, əm] ['eniwer]

我到处都找不到它们。

her

her 的强读形式为[hɜːr]，弱读形式为[hər]，但在实际交流中经常击穿为[ər]。

I gave her the letter. [aɪ] [geɪv] [hɜːr, hər, ər] [ðə] ['letər]

我给了她这封信。

us

us 的强读形式为[ʌs]，弱读形式为[əs]。

Thank you for driving us to the station.

[θæŋk] [juː, jə] [fɔːr, fər] ['draɪvɪŋ] [ʌs, əs] [tuː, tu, tə] [ðə] ['steɪʃn]

谢谢你开车送我们到车站。

6 其他词的弱读

some

some 的强读形式为[sʌm]，弱读形式为[səm]。

Would you like some tea?

[wʊd, wəd] [juː, jə] [laɪk] [sʌm, səm] [tiː] 你要喝茶吗?

just

just 的强读形式为[dʒʌst]，弱读形式为[dʒəst]。

Just let it go. [dʒʌst, dʒəst] [let] [ɪt] [goʊ] 放手就好。

I'll

I'll 的强读形式为[aɪl]，弱读形式为[əl]。

I'll do the dishes. [aɪl, əl] [duː] [ðə] ['dɪʃɪz] 我来洗碗。

we'll

we'll 的强读形式为[wiːl]，弱读形式为[wəl]。

We'll get through this. [wiːl, wəl] [get] [θruː] [ðɪs]
我们会渡过难关的。

we're

we're 的强读形式为[wɪr]，弱读形式为[wər]。

We're dead. [wɪr, wər] [ded] 我们死定了。

you're

you're 的强读形式为[jʊr]，弱读形式为[jər]。

You're right. [jʊr, jər] [raɪt] 你是对的。

Unit 05
缩 读

美语口语中经常会有一些单词被弱读，而且有时不仅会弱读，还会省略某些音，使表达更快速、更流畅、更轻松。这种省略现象就是英语中的缩读。注意：缩读不等于吞音，所以不能随意吞掉一些音。另外，缩读往往被视为不规范的英语，常用于日常口语中，而不用于正式场合。接下来我会列出常见的美语缩读，以帮助大家了解美语发音的特点。

缩读第一类　**人称代词 + be 动词**

	原形	缩写	缩读	例句
I am	[aɪ] [æm]	I'm	[aɪm]	I'm a student. 我是一名学生。
you are	[juː] [ɑːr]	you're	[jʊr] [jər]	You're late. 你迟到了。
he is	[hiː] [ɪz]	he's	[hiːz]	He's a boy. 他是个男孩。
she is	[ʃiː] [ɪz]	she's	[ʃiːz]	She's a girl. 她是个女孩。
it is	[ɪt] [ɪz]	it's	[ɪts]	It's a cat. 它是一只猫。
we are	[wiː] [ɑːr]	we're	[wɪr] [wər]	We're coming. 我们来了。
they are	[ðeɪ] [ɑːr]	they're	[ðer]	They're basketball players. 他们是篮球运动员。

1) You're so cruel.

[jʊr] [soʊ] [ˈkruːəl]

你真残忍。

2) And wow! You're not wearing that outfit.

[n] [waʊ] [jʊr] [nɑːt] [ˈwerɪŋ] [ðæt] [ˈaʊtfɪt]

哦，你不能穿那套衣服出门。

3) It's even better than red wine.

[ɪts] [ˈiːvn] [ˈbetər] [ðən] [red] [waɪn]

它甚至比红酒更好喝。

缩读第二类　疑问词 + be 动词

	原形	缩写	缩读	例句
how is	[haʊ] [ɪz]	how's	[haʊz]	How's it going? 进展如何？
why is	[waɪ] [ɪz]	why's	[waɪz]	Why's it here? 它为什么在这儿？
who is	[huː] [ɪz]	who's	[huːz]	Who's Paul? 谁是保罗？
what is	[wʌt] [ɪz]	what's	[wʌts]	What's your name? 你叫什么名字？
what are	[wʌt] [ɑːr]	what're	['wʌtər]	What're you doing? 你在做什么？

1）What's more important here, Dad?

[wʌts] [mɔːr] [ɪm'pɔːrtnt] [hɪr] [dæd]

爸爸，哪件事更重要？

2）What're you guys doing tomorrow night?

['wʌtər] [juː] [gaɪz] ['duːɪŋ] [tə'mɑːroʊ] [naɪt]

你们明天晚上要做什么？

缩读第三类　人称代词 + have/has

	原形	缩写	缩读	例句
I have	[aɪ] [hæv]	I've	[aɪv]	I've been to Beijing before. 我去过北京。
you have	[juː] [hæv]	you've	[juːv]	You've been waiting. 你一直在等待。
he has	[hiː] [hæz]	he's	[hiːz]	He's been here before. 他以前来过这里。
she has	[ʃiː] [hæz]	she's	[ʃiːz]	She's been here before. 她以前来过这里。
it has	[ɪt] [hæz]	it's	[ɪts]	It's been here for a while. 已经过了一会儿。
we have	[wiː] [hæv]	we've	[wiːv]	We've been waiting. 我们一直在等待。
they have	[ðeɪ] [hæv]	they've	[ðeɪv]	They've been inside all day. 他们整天都在屋里。

缩读第四类　could/should/would/might + have

	原形	缩写	缩读	例句
could have	[kʊd] [hæv]	could've	['kʊdəv]	I could've done it. 我本应该做的。
should have	[ʃʊd] [hæv]	should've	['ʃʊdəv]	You should've known. 你本应该知道的。
would have	[wʊd] [hæv]	would've	['wʊdəv]	I would've said yes. 我原本会同意的。
might have	[maɪt] [hæv]	might've	['maɪtəv]	She might've gone. 她可能已经走了。

缩读第五类 人称代词 + will

	原形	缩写	缩读	例句
I will	[aɪ] [wɪl]	I'll	[aɪl] [əl]	I'll be there soon. 我很快就到那儿了。
he will	[hiː] [wɪl]	he'll	[hiːl]	He'll come. 他会来。
she will	[ʃiː] [wɪl]	she'll	[ʃiːl]	She'll go there. 她将会去那儿。
it will	[ɪt] [wɪl]	it'll	['ɪtl]	It'll be OK. 会没事的。
we will	[wiː] [wɪl]	we'll	[wiːl]	We'll be there. 我们将会去那儿。
they will	[ðeɪ] [wɪl]	they'll	[ðeɪl]	They'll go. 他们会去。
you will	[juː] [wɪl]	you'll	[jʊl] [jəl]	You'll get there. 你们会到达那儿的。

缩读第六类 人称代词 + had/would

	原形	缩写	缩读	例句
I had/would	[aɪ] [hæd]/[wʊd]	I'd	[aɪd]	I'd go there. 我会去那儿。
you had/would	[juː] [hæd]/[wʊd]	you'd	[juːd]	You'd better finish it immediately. 你最好立刻完成。
she had/would	[ʃiː] [hæd]/[wʊd]	she'd	[ʃiːd]	She'd been there before. 她去过那里。
he had/would	[hiː] [hæd]/[wʊd]	he'd	[hiːd]	He'd like to go. 他要走了。
it had/would	[ɪt] [hæd]/[wʊd]	it'd	['ɪtəd]	It'd be nice. 它会很不错。
we had/would	[wiː] [hæd]/[wʊd]	we'd	[wiːd]	We'd better leave. 我们最好离开。
they had/would	[ðeɪ] [hæd]/[wʊd]	they'd	[ðeɪd]	They'd like to do that. 他们会愿意做那件事。

缩读第七类 疑问词 + did

	原形	缩写	缩读	例句
where did	[wer] [dɪd]	where'd	[werd]	Where'd it go? 它去哪儿了?
why did	[waɪd] [dɪd]	why'd	[waɪd]	Why'd you do that? 你为什么要那么做?
how did	[haʊ] [dɪd]	how'd	[haʊd]	How'd you finish the work? 你是如何完成工作的?

缩读第八类　…+ not

	原形	缩写	缩读	例句
are not	[ɑːr] [nɑːt]	aren't	[ɑːrnt]	You aren't a student. 你不是学生。
cannot	[kæn] [nɑːt]	can't	[kænt]	You can't do it. 你做不了。
could not	[kʊd] [nɑːt]	couldn't	['kʊdnt]	I couldn't find my keys. 我找不到我的钥匙。
do not	[du] [nɑːt]	don't	[doʊnt]	I don't know. 我不知道。
does not	[dʌz] [nɑːt]	doesn't	['dʌznt]	It doesn't matter. 没关系。
did not	[dɪd] [nɑːt]	didn't	['dɪdnt]	I didn't care what others said. 我不在意其他人所说的话。
had not	[hæd] [nɑːt]	hadn't	['hædnt]	He hadn't heard about it before that. 在那之前他没听说过。
has not	[hæz] [nɑːt]	hasn't	['hæznt]	He hasn't found his book. 他没找到他的书。
have not	[hæv] [nɑːt]	haven't	['hævnt]	I haven't watched the film. 我没看过那部电影。

缩读第九类　**几种常见的非正式缩读**

	原形	缩写	缩读	例句
want to	['wɑːnt tuː] ['wɑːnt tə]	wanna	['wɑːnə]	I wanna go home. 我想回家。
going to	['goʊɪŋ tuː]	gonna	['gɒnə] ['gənə]	Are you guys gonna be OK? 你们不会有事吧?
got to	[gɑːt tuː]	gotta	['gɑːtə]	After a certain point, you gotta let go. 到一定的时候，你只能顺其自然。
kind of	[kaɪnd ʌv] [kaɪnd əv]	kinda	['kaɪndə]	Alright, you guys, I kinda gotta clean up now. 好了，各位，我得打扫了。
because	[bɪ'kɔːz]	cause	[kɔːz]	You know why? Cause he's not in your department. 知道为什么吗? 因为他不在你的部门。

"缩读"小结

以下是对美语口语中常见缩读形式的小结。需要注意的是，以下缩读形式并非规范的英语表达方式，在美剧和日常口语中使用非常频繁，大家需要多加练习。但所有的缩读都是非正式口语，在阅读和写作中并不会出现。大家在写作中需要使用正式规范的语言，不要使用这些缩写形式。

to→a	you→cha	of→a	其他
has to = hasta	don't you = dontcha	kind of = kinda	don't know = dunno
got to = gotta	won't you = wontcha	sort of = sorta	let me = lemme
supposed to = supposta	what are you = watcha	out of = outta	give me = gimme
want to = wanna	bet you = betcha	lot of = lotta	because = cuz
going to = gonna	got you = gotcha	lots of = lotsa	am/is/are/has/have
need to = needa		much of = mucha	not = ain't
ought to = oughta		cup of = cuppa	isn't it = innit
used to = usta			tell them = tell'em

Unit 06 单词中字母的特殊发音

在此，我主要为大家简要介绍过去式（过去分词）词尾-ed 的发音、名词复数和动词第三人称单数-s/-es 的发音、某些单词中不发音的字母以及美语中 t 的特殊发音。

1 过去式（过去分词）词尾-ed 的发音

在英语中，规则动词一般在原形后加词尾-ed（以 e 结尾的动词加-d）变成过去式或过去分词。词尾-ed 的发音可简单归纳为：清对清，浊对浊，遇到 t/d 要小心。

请确定以下单词词尾-ed 的发音。

planned　　asked　　decided

答案

planned [plænd] 计划　　asked [æskt] 问

decided [dɪ'saɪdɪd] 决定

具体说来，词尾-ed 的发音遵循以下三条规则：

规则一

在除[t]以外的清辅音之后，过去式（过去分词）词尾-ed 的发音为[t]。例如：

ask [æsk] 问	asked [æskt]
help [help] 帮助	helped [helpt]
laugh [læf] 笑	laughed [læft]
miss [mɪs] 想念	missed [mɪst]
watch [wɑːtʃ] 看	watched [wɑːtʃt]

规则二

在元音和除[d]以外的浊辅音之后，过去式（过去分词）词尾-ed 的发音为[d]。例如：

enjoy [ɪn'dʒɔɪ] 享受	enjoyed [ɪn'dʒɔɪd]
stay [steɪ] 停留	stayed [steɪd]
stir [stɜːr] 搅拌	stirred [stɜːrd]
settle ['setl] 定居	settled ['setld]

规则三

在清辅音[t]和浊辅音[d]之后，过去式（过去分词）词尾-ed 的发音为[ɪd]。例如：

wait [weɪt] 等待	waited ['weɪtɪd]
want [wɑːnt] 想要	wanted ['wɑːntɪd]
need [niːd] 需要	needed ['niːdɪd]
end [end] 终止	ended ['endɪd]
land [lænd] 着陆	landed [lændɪd]

练习一：请注意以下单词词尾-ed 的发音。

worked	washed	played	answered	spelled	counted
[t]	[t]	[d]	[d]	[d]	[ɪd]
[wɜːrkt]	[wɑːʃt]	[pleɪd]	['ænsərd]	[speld]	['kaʊntɪd]
工作	洗	玩耍	回答	拼写	计数

练习二：请注意以下单词词尾-ed 的发音。

paced	reached	described	logged	banned	amazed	fried	noted
[t]	[t]	[d]	[d]	[d]	[d]	[d]	[ɪd]
[peɪst]	[riːtʃt]	[dɪ'skraɪbd]	[lɔːgd]	[bænd]	[ə'meɪzd]	[fraɪd]	['noʊtɪd]
踱步	到达	描述	记录	禁止	惊讶	油炸	注意

2 名词复数和动词第三人称单数-s/-es 的发音

名词复数和动词第三人称单数-s/-es 的发音通常遵循以下规则：

规则一

在清辅音[p]，[t]，[k]，[f]，[θ]，[s]之后的发音为[s]。例如：

cup [kʌp] 杯子	cups [kʌps]
cake [keɪk] 蛋糕	cakes [keɪks]
hat [hæt] 帽子	hats [hæts]

规则二

在浊辅音（不包含“规则三”中的浊辅音）和元音之后的发音为[z]。例如：

day [deɪ] 日子	days [deɪz]
boy [bɔɪ] 男孩	boys [bɔɪz]
shoe [ʃuː] 鞋	shoes [ʃuːz]
photo ['foʊtoʊ] 照片	photos ['foʊtoʊz]
potato [pə'teɪtoʊ] 土豆	potatoes [pə'teɪtoʊz]
durian ['dʊriən] 榴梿	durians ['dʊriənz]
hand [hænd] 手	hands [hændz]
bag [bæg] 包	bags [bægz]

规则三

在辅音[s]，[z]，[ʃ]，[ʒ]，[tʃ]，[dʒ]之后的发音为[ɪz]。例如：

dish [dɪʃ] 盘子	dishes [dɪʃɪz]
watch [wɑːtʃ] 手表	watches [wɑːtʃɪz]
kiss [kɪs] 亲吻	kisses [kɪsɪz]
box [bɑːks] 盒子	boxes [bɑːksɪz]
bridge [brɪdʒ] 桥	bridges [brɪdʒɪz]

注：以上规则同样适用于“名词所有格 's”的发音，例如 Lucy's，Dan's 等。

练习一

jobs	plans	pages	desks	edges	lives
[z]	[z]	[ɪz]	[s]	[ɪz]	[z]
[dʒɑːbz]	[plænz]	['peɪdʒɪz]	[desks]	['edʒɪz]	[lɪvz]
职业	计划	页，面	桌子	边缘	生活

练习二

backs	branches	boots	buses	fires	flowers
[s]	[ɪz]	[s]	[ɪz]	[z]	[z]
[bæks]	[bræntʃɪz]	[buːts]	['bʌsɪz]	['faɪrz]	['flaʊərz]
背部	分支	靴子	公共汽车	开火	花

练习三

looks	friends	faxes	knows	names	products
[s]	[z]	[ɪz]	[z]	[z]	[s]
[lʊks]	[frendz]	['fæksɪz]	[noʊz]	[neɪmz]	['prɑːdʌkts]
看上去	朋友	传真	知道	名字	产品

3 某些单词中不发音的字母

在英语中，有些单词中会出现不发音的字母，现总结如下：

1 Silent "b"

climb [klaɪm] 爬

lamb [læm] 羊肉

thumb [θʌm] 大拇指

dumb [dʌm] 无声的

plumber ['plʌmə] 水管工

crumb [krʌm] 面包屑

numb [nʌm] 麻木的

bomb [bɑːm] 轰炸

debt [det] 债务

doubt [daʊt] 怀疑

subtle ['sʌtl] 微妙的

注： mb 中的 b 可能不发音；bt 中的 b 可能不发音。

2 Silent “c”

muscle [ˈmʌsl] 肌肉	scenario [səˈnærioʊ] 情节
fascinate [ˈfæsɪneɪt] 使着迷	scenery [ˈsiːnəri] 风景
scissors [ˈsɪzərz] 剪刀	conscious [ˈkɑːnʃəs] 意识到的
scene [siːn] 场景	descent [dɪˈsent] 下降

注：sc 中的 c 可能不发音。

3 Silent “d”

edge [edʒ] 边缘	handsome [ˈhænsəm] 英俊的
knowledge [ˈnɑːlɪdʒ] 知识	sandwich [ˈsænwɪdʒ] 三明治
bridge [brɪdʒ] 桥	Wednesday [ˈwenzdeɪ] 星期三
hedge [hedʒ] 篱笆	adjust [əˈdʒʌst] 调整

注：dge 中的 d 可能不发音。

4 Silent “e”

age [eɪdʒ] 年龄	house [haʊs] 房子，住宅
nice [naɪs] 美好的	bake [beɪk] 烘焙
hop [hɑːp] 跳跃	hope [hoʊp] 希望
sit [sɪt] 坐	site [saɪt] 地点
hid [hɪd] 隐藏	hide [haɪd] 隐藏
win [wɪn] 赢	wine [waɪn] 葡萄酒
plan [plæn] 计划	plane [pleɪn] 飞机
me [miː] 我	she [ʃiː] 她
we [wiː] 我们	he [hiː] 他

注：1）字母 e 在词尾时，经常不发音；

2）字母 e 在词尾虽然经常不发音，但会影响前面元音的发音，所以一定不要遗漏；

3）当单词中只有一个元音字母 e 并且以 e 结尾时，e 要发音。

5 Silent "g"

sign [saɪn] 迹象	though [ðoʊ] 尽管
design [dɪ'zaɪn] 设计	high [haɪ] 高的
champagn [ʃæm'peɪn] 香槟酒	bright [braɪt] 明亮的，鲜明的
foreign ['fɔːrən] 外国的	light [laɪt] 光线
cologne [kə'loʊn] 古龙香水	daughter ['dɔːtər] 女儿
resign [rɪ'zaɪn] 辞职	right [raɪt] 正确的
align [ə'laɪn] 结盟	bought [bɔːt] 买
assign [ə'saɪn] 分配	weight [weɪt] 重量

注： gn 中的 g 可能不发音；gh 可能不发音。

6 Silent "h"

what [wɑːt] 什么	architect ['ɑːrkɪtekt] 建筑师
when [wen] 什么时候	chaos ['keɪɑːs] 混乱
why [waɪ] 为什么	mechanic [mə'kænɪk] 技工
where [wer] 哪里	ache [eɪk] 疼
while [waɪl] 当……的时候，一会儿	echo ['ekoʊ] 回声
white [waɪt] 白色	schedule ['skedʒuːl] 行程安排
whether ['weðər] 是否	honest ['ɑːnɪst] 诚实的
whistle ['wɪsl] 口哨	hour [aʊər] 小时
whisky ['wɪski] 威士忌	ghost [goʊst] 鬼
school [skuːl] 学校	rhythm ['rɪðəm] 节奏
scheme [skiːm] 谋划	rhyme [raɪm] 韵律
stomach ['stʌmək] 胃	Thailand ['taɪlænd] 泰国

注： wh 中的 h 可能不发音；ch 中的 h 可能不发音。

7 Silent "k"

knife [naɪf] 刀

knot [nɑːt] 打结

know [noʊ] 知道

knowledge ['nɑːlɪdʒ] 知识

knee [niː] 膝盖

knight [naɪt] 骑士

knock [nɑːk] 敲门

knob [nɑːb] 把手

knit [nɪt] 编织

knuckle ['nʌkl] 关节

注：kn 中的 k 可能不发音。

8 Silent "l"

talk [tɔːk] 说话

palm [pɑːm] 手掌

calm [kɑːm] 平静的

salmon ['sæmən] 三文鱼

chalk [tʃɔːk] 粉笔

calf [kæf] 小牛

folk [foʊk] 人们，大众

could [kʊd] 能够

walk [wɔːk] 走

should [ʃʊd] 应该

half [hæf] 一半

yolk [joʊk] 蛋黄

注：1）很多人发不好舌侧音，经常忽略 old，cold，milk 等单词中的[l]，导致发音错误。但是以上单词中的[l]是 Silent [l]，是不发音的，请大家务必记住；

2）talk，chalk，walk，saw，bought，brought 等单词中的元音，不同的词典中可能会标注为[ɔː]或者[ɑː]。本书中均标注为[ɔː]。而在真实的口语交流中，美国人发的是大嘴[ɑː]。

9 Silent "p"

pseudo ['sjuːdoʊ] 伪君子

psychic ['saɪkɪk] 通灵的

cupboard ['kʌbərd] 碗橱

psychology [saɪ'kɑːlədʒi] 心理学

pneumonia [nuː'moʊniə] 肺炎

raspberry ['ræzberi] 覆盆子

coup [kuː] 政变

receipt [rɪ'siːt] 收据

10 Silent "n"

damn [dæm] 讨厌	hymn [hɪm] 赞美诗
autumn ['ɔːtəm] 秋天	column ['kɑːləm] 列

注：mn 中的 n 可能不发音。

11 Silent "s"

island ['aɪlənd] 岛屿	isle [aɪl] 岛
debris [de'briː] 碎片	aisle [aɪl] 走廊

12 Silent "t"

listen ['lɪsn] 听	nestle ['nesl] 鸟巢
fasten ['fæsn] 系紧	hustle ['hʌsl] 催促
often ['ɑːfn] 经常	whistle ['wɪsl] 吹口哨
soften ['sɔːfn] 变软	wrestle ['resl] 摔跤
watch [wɑːtʃ] 看	mortgage ['mɔːrgɪdʒ] 按揭贷款
match [mætʃ] 匹配	gourmet ['gʊrmeɪ] 美食家
witch [wɪtʃ] 巫婆	Christmas ['krɪsməs] 圣诞节
butcher ['bʊtʃər] 屠夫	asthma ['æzmə] 哮喘
castle ['kæsl] 城堡	ballet [bæ'leɪ] 芭蕾

注：st 和 ft 中的 t 可能不发音；tch 中的 t 可能不发音；tle 中的 t 可能不发音。

13 Silent "u"

colleague ['kɑːliːg] 同事	unique [juː'niːk] 独一无二的
guilty ['gɪlti] 惭愧的	building ['bɪldɪŋ] 建筑
tongue [tʌŋ] 舌头	biscuit ['bɪskɪt] 饼干
guitar [gɪ'tɑːr] 吉他	vogue [voʊg] 时尚
guard [gɑːrd] 守卫	guest [gest] 客人

14 Silent “w”

wrong [rɔːŋ] 错误的	write [raɪt] 写
wrap [ræp] 包装	wrinkle ['rɪŋkl] 皱纹
wrist [rɪst] 手腕	wrack [ræk] 使痛苦
wreck [rek] 失事	sword [sɔːrd] 剑
wrestle ['resl] 摔跤	answer ['ænsər] 回答
two [tuː] 两个	whole [hoʊl] 全部

注：wr 中的 w 可能不发音。

4 t的特殊发音

字母 t 在美语中的发音变化多样。比如 tea，photo，wanted，written 这四个单词中都含有 t，但是每个单词中 t 的发音都不一样。以下我将总结美语中 t 的发音规则。

1 True [t]

True [t]就是真正的[t]，也就是把[t]完整地发出来。True [t]的发音动作要领如下：

- 双唇张开，舌尖抵上齿龈；
- 憋住气，然后弹开舌尖；
- 使气流冲出口腔，发出爆破音；
- 声带不振动。

英式英语大部分单词中的 t 都发 True [t]，而美式英语中只有部分单词中的 t 发 True[t]。例如：

best [best] 最好的	tea [tiː] 茶	meat [miːt] 肉
to [tuː] 到	type [taɪp] 类型	

2 Stop [t]

Stop [t]就是只做口型而不发音的[t]。stop 表示“停下”，也就是舌头抵到上齿龈就行了，不需要真正地让气流冲破阻碍。Stop [t]主要出现在以下三种情形中：

• 当[t]出现在句子的结尾。因为一个句子已经很完整，听众能够明白整个句子的意思，为了省力，尾音[t]通常只做口型而不发音。例如：

Wait a minute. 稍等。	That's it. 没错。
Stop it. 停下。	It isn't. 它不是。
Watch out! 当心！	

• 当前一个单词以[t]结尾而后一个单词以辅音开头时，[t]会失去爆破，变成 Stop [t]。例如：

hot bed 热床	bright future 光明的未来
that girl 那个女孩	I don't know. 我不知道。
right now 立刻	

• 当单词的发音中出现[tn]（有的字典中标注为[tən]），且[t]非重读时，美国人在发音时，[t]只做口型而不发音，直接发[n]。例如：

written ['rɪtn] 写	mountain ['maʊntn] 高山
forgotten [fər'ɡɑːtn] 忘记	mitten ['mɪtn] 连指手套
important [ɪm'pɔːrtnt] 重要的	

3 Flap [t]

Flap [t]既叫弹舌[t]，又叫闪音[t]，发出的声音类似一个轻快的[d]，但是气流没有受阻，而且声带振动。Flap [t]是美式发音的主要特点之一，并且大量存在，主要出现在[t]的前后都是元音且非重读的情况下。例如：

water ['wɑːtər] 水	pretty ['prɪti] 美丽的
letter ['letər] 信件	better ['betər] 更好的
city ['sɪti] 城市	

注： 有些单词中的字母 t 本身发 True [t]，但是一旦在句子中出现，且当后一个单词以元音开头时，由于会出现连读，很多时候 True [t]就会变成 Flap [t]，这会导致之前习惯英式发音的学习者很难听懂美式发音。

特别注意

Flap [t]主要出现在[t]的前后都是元音的情况下，并且[t]所在音节为非重读音节。如果[t]所在音节重读，即使前后都是元音，仍然要发 True [t]。例如：

photographer [fəˈtɑːɡrəfər] 摄影师	attend [əˈtend] 参加
Italian [ɪˈtæliən] 意大利的	return [rɪˈtɜːrn] 返回
attack [əˈtæk] 攻击	

Flap [t]也会出现在句子中。例如：

Wait a minute. 稍等。	Not at all. 没关系。
Put it on. 穿上。	Cut it out. 把它裁掉。
Take it off. 脱下。	

4 Dropped [t]

当[t]以“[nt]+元音”组合出现且位于非重读音节时，[t]常被吞掉，这就是Dropped [t]（即省略音[t]）。这是因为[t]和[n]在发音时，舌尖都位于上齿龈，这样一来，舌位会出现重合。由于[n]是一个非常强的音，而[t]是一个弱音，强音会掩盖弱音，所以[t]几乎听不到。这时候，[n]会和后面的元音形成连读。

- Dropped [t]出现在单词中。例如：

twenty [ˈtwenti] 二十	wanted [ˈwɑːntɪd] 想要
Internet [ˈɪntərnet] 因特网	advantage [ədˈvæntɪdʒ] 优势
center [ˈsentər] 中心	

- Dropped [t]出现在句子中。例如：

I don't want it. 我不需要它。	Don't count on it. 不要指望它。
You can count on me. 你可以指望我。	She went on and on. 她继续走着。
Isn't it? 不是吗?	

Unit 07 浊化

在英语单词的重读音节里，位于[s]后面的清辅音[p]，[t]，[k]，由于受送气音[s]的影响，为了省力省气，送气变为不送气，由于后面紧跟着元音，发元音时声带振动，而且往往重读，就会使不送气的清辅音[p]，[t]，[k]听起来类似对应的浊辅音[b]，[d]，[g]，这种语音现象被部分语言学家称为音的“浊化”。

1 “浊化”的第一种情况

通常情况下，清辅音“浊化”现象发生的条件是：

1）在同一个重读或次重读音节内；

2）当一个清辅音前面的音是[s]时；

3）该清辅音后面还有元音（或有[r]，[l]）；

4）该清辅音有对应的浊辅音。

出现所谓“浊化”的根本原因是：爆破音[p]，[t]，[k]发音时要送气，而且气流是先受阻，再冲破阻碍，本身发音就很辛苦。此外，这些爆破音前面的辅音[s]也是一个很强的送气音。当两个送气音连在一起时，中间不停顿就更加辛苦。为了发音轻松省力，就会出现[p]，[t]，[k]不送气的现象。这种语音现象在英式发音和美式发音中都存在。对中国人而言，这些音发起来很轻松。

需要注意的是，所谓的“浊化”，并不是简单地把清辅音读成对应的浊辅音。真正的浊辅音在发音时需要气流先受阻，再冲破阻碍，发音时是非常吃力的。

浊化前	浊化后	例词	
[sp]	类似[sb]	spell [spel] 拼写 speak [spiːk] 说话 speed [spiːd] 速度	spend [spend] 花费 space [speɪs] 空间
[st]	类似[sd]	star [stɑːr] 明星 stay [steɪ] 停留 steel [stiːl] 钢铁	start [stɑːrt] 开始 stair [ster] 楼梯 stone [stoʊn] 石头

（续）

浊化前	浊化后	例词
[st]	类似 [sd]	study ['stʌdi] 学习　stupid ['stuːpɪd] 愚蠢的 stake [steɪk] 打赌　stick [stɪk] 刺 student ['stuːdnt] 学生
[sk]	类似 [sg]	skirt [skɜːrt] 裙子　skip [skɪp] 跳跃 skate [skeɪt] 滑冰　skull [skʌl] 脑壳 scar [skɑːr] 伤疤　scope [skoʊp] 范围 scarf [skɑːrf] 围巾　scale [skeɪl] 规模

2 "浊化"的第二种情况

"浊化"的第二种情况常见于"元音 + 清辅音 + 元音"的情况下。美式英语和英式英语的发音听起来有很大的差别。常见的单词有 bacon，happy，water 等。英式发音是清辅音，而美式英语中的清辅音听起来像对应的浊辅音。有些语言学家将这种现象称为"美式英语的浊化"。

美式英语浊化的本质是什么呢?

以单词 bacon 为例，其实美国人读的并不是['beɪgən]，而是['beɪkən]。但为什么美式英语中听起来像['beɪgən]呢? 根本原因是字母 c 发出的[k]前后都是元音，而发元音时声带是振动的。美式英语的特点是连贯、顺滑，当前后声带都在振动而中间有一个很轻的清辅音时，[k]受到前后元音的影响，听起来像是声带振动了。所以，也有些人将这种语音现象称为"刹不住"。就像人在跑步的时候，先是一直快跑，突然停一下，然后继续快跑，这其实是做不到的。同理，发前后的音时声带都在振动，在很连贯、不停顿的情况下，突然要求声带不振动，这也是很难做到的。那为什么英式英语听起来声带没有振动呢? 因为英国人说话时抑扬顿挫，经常停顿，所以没有受到"刹不住"的影响。

浊化前	浊化后	例词
[p]	类似 [b]	paper/happy/puppy/stop it
[t]	类似 [d]	water/better/later/city/butter
[k]	类似 [g]	bacon/focus/take it/wake up/take off

Unit 08 句子的语调

语调具有强烈的感情色彩，正确地使用语调能使语言更具有表现力，因而，英语学习者有必要掌握基本句型的语调。

1 降调

降调表示说话人的态度肯定、意思完整、语法结构独立。

1 用于陈述句

I have already seen that movie. ↘ 我已经看过那部电影了。

You're feeling a lot of pain right now. ↘ 你此时正在经历极大的痛苦。

You're angry. ↘ 你生气了。

2 用于特殊疑问句

What happened? ↘ 怎么了？

What're you up to tonight? ↘ 你今天晚上要做什么？

What's this? ↘ 这是什么？

注意

特殊疑问句有时候用升调表示请别人重复刚说过的话。例如：

—I graduated from Lanzhou University and majored in mechanical engineering. ↘

—What was your major? ↗

——我毕业于兰州大学，我的专业是机械工程。

——你的专业是什么？

3 用于祈使句

Go back to your seat! Now! ↘回到你的座位！现在！

Stay out of my freezer! ↘ 别动我的冰箱！

Joey, stop hitting on her! ↘ 乔伊，别打她！

4 用于感叹句

What a small world! ↘ 世界真小呀!

5 用于选择疑问句中“or”之后的部分

Do you want to drive↗ or walk? ↘ 你想驾车还是步行?

I honestly don't know if I'm hungry↗ or horny. ↘

我确实不知道我是饿了还是兴奋了。

2 升调

升调表示说话人的态度不肯定、意思不完整、语法结构不独立。

1 用于一般疑问句

Do you mind if I sit here? ↗ 介意我坐在这儿吗?

Did I say that out loud? ↗ 我大声说出那件事了吗?

Can I get you some coffee? ↗ 你要咖啡吗?

注意

一般疑问句有时候也用降调，表示一种不耐烦或者命令的语气。例如:

Are you satisfied? ↘ 你不满意?

2 用于罗列事物时

For each incomplete sentence, there are four choices marked A↗, B↗, C↗, and D.↘ 每个需要补充完整的句子都有 ABCD 四个备选项。

She got the furniture, ↗ the stereo, ↗ the good TV. ↗ What did you get? ↘

她有家具、音响和质量很好的电视机。你呢?

3 用于陈述句，表示疑问、怀疑、不确定、猜测或期待等

You really want to do it? ↗ 你真的想这么做?

You actually broke her watch? ↗ 你真的把她的手表弄坏了?

You wanna spell it out with noodles? ↗ 你想用面条把它拼出来?

So there's gonna be a fifth date? ↗ 因此这将是第五次约会?

4 用于置于句首的状语短语或状语从句

After dinner，↗ I read a magazine and made telephone calls.↘

晚餐后，我读了一本杂志，打了几个电话。

5 用于并列句的第一个分句，表示句子还未说完

My fever is gone，↗ but I still have a cough.↘

我不发热了，但我还是咳嗽。

So you wanna tell us now↗ or are we waiting for four wet bridesmaids?↘

因此你想现在告诉我们还是让我们等待四位湿透了的伴娘？

6 用于表示委婉语气的祈使句

Excuse me，sir.↗ 打扰了，先生。

Can you help me?↗ 你能帮我吗？

7 用于称呼语

—Mrs Smith，↗ this is Tom Jones.↘ 史密斯夫人，这位是汤姆·琼斯。

—OK.↘ 好的。

Everybody.↗This is Rachel.↘ 各位，这是瑞切尔。

Ross，↗ are you OK?↗ 罗斯，你还好吗？

Paul，↗ this is everybody.↘ 保罗，大家都在。

Everybody，↗ this is Paul.↘ 各位，这是保罗。

Unit 09 意 群

意群指句子中按照意思和结构划分出的各个成分，每个成分即一个意群。例如：

My mother and I never walk barefoot at night. 我和妈妈从未在夜间光脚走路。

My mother and I	人	who
never walk barefoot	事件	what
at night	时间	when

意群划分规则：

1）一般 2~5 个单词为一个意群；意群可能是名词结构、动词短语或介词短语等。例如：

the old man	a piece of cheese
wanted to go out	found the book
for a meal	at the airport

2）注意事项：

- 意群与意群之间不一定需要停顿；
- 停顿的时间与个人说话的风格有关；
- 意群的划分不是绝对的，而与说话人想要强调的内容有关。

练习一

把下列句子分为 2 个意群。

1）That's why I didn't see the sign.

2）I won't charge you this time.

3）All the puppies wanted to go out.

答案
1）That's why // I didn't see the sign.
2）I won't charge you // this time.
3）All the puppies // wanted to go out.

练习二

把下列句子分为 3 个意群。

1）The old man asked me for a meal.
2）He put a piece of cheese in his pocket.
3）The plane was late and detectives were waiting at the airport.

答案
1）The old man // asked me // for a meal.
2）He put // a piece of cheese // in his pocket.
3）The plane was late // and detectives were waiting // at the airport.

练习三

把下列句子分为 4 个意群。

1）We worked with the workers there and learned a lot from them.
2）The forest had been green in the summer when we came into the town.

答案
1）We worked // with the workers there // and learned a lot // from them.
2）The forest had been green // in the summer // when we came // into the town.

Unit 10

英式英语发音与美式英语发音的区别

英式英语和美式英语都有其自身的特色与发音方式。那么，两者究竟有何区别呢？一起来看看吧。

1 字母 r 要不要发音？要不要卷舌？

当字母 r 后面有元音时，英音和美音中都需要发出[r]音；但是，当字母 r 后面没有元音时，英音中不需要发出[r]音，而美音中需要发出[r]音。例如：

prefer	[prɪˈfɜː]（英）	[prɪˈfɜːr]（美）	偏好，更喜欢
work	[wɜːk]（英）	[wɜːrk]（美）	工作
door	[dɔː]（英）	[dɔːr]（美）	门
centre	[ˈsentə]（英）	[ˈsentər]（美）	中心

注：center 的美式拼写为 center

2 字母 a 在英音和美音中如何发音？

通常，当字母 a 在英音中发[ɑː]时，其对应的美音为[æ]。例如：

class	[klɑːs]（英）	[klæs]（美）	班级
laugh	[lɑːf]（英）	[læf]（美）	大笑
after	[ˈɑːftə]（英）	[ˈæftər]（美）	之后

注意

也有例外，比如 father 中的字母 a 在英音和美音中都发 [ɑː]。

3 字母 o 在英音和美音中如何发音？

字母 o 在英音中通常发[ɒ]，而在美音中通常发[ɑː]。例如：

not	[nɒt]（英）	[nɑːt]（美）	不
hot	[hɒt]（英）	[hɑːt]（美）	热的，辣的

4 字母 t 在英音和美音中的发音有何差异?

字母 t 在英式英语中通常发True [t]，而在美式英语中的发音则是多变的（参见“t 的特殊发音”）。尤其需要注意的是，当[t]位于非重读音节且在两个元音之间时，发美式闪音[t]（即 Flap [t]）。例如：

better	['betə]（英）	['betər]（美）（近似['bedər]）	更好的
party	['pɑːti]（英）	['pɑːrti]（美）（近似['pɑːrdi]）	派对

5 某些字母组合在英音和美音中的发音有何差异?

1）词尾-ile 是否弱化为[l]？

在英音中，来自拉丁词根的形容词词尾-ile 的发音通常为[aɪ]，而在美音中，该词尾的发音往往弱读为[l]。例如：

missile	['mɪsaɪl]（英）	['mɪsl]（美）	导弹
fertile	['fɜːtaɪl]（英）	['fɜːrtl]（美）	肥沃的
fragile	['frædʒaɪl]（英）	['frædʒl]（美）	脆弱的

2）词尾-ization 中的第一个 i 如何发音?

在英音中，以-ization 结尾的单词，词尾中的第一个 i 发[aɪ]，而在美音中，该词尾中的第一个 i 弱读为[ə]。例如：

civilization	[ˌsɪvəlaɪ'zeɪʃn]（英）	[ˌsɪvələ'zeɪʃn]（美）	文明
organization	[ˌɔːɡənaɪ'zeɪʃn]（英）	[ˌɔːrɡənə'zeɪʃn]（美）	组织
realization	[ˌriːəlaɪ'zeɪʃn]（英）	[ˌriːələ'zeɪʃn]（美）	实现

6 重音在前还是在后?

1）许多从法语中借来的单词，英音中重音在前，而美音中重音在后。例如：

buffet	[ˈbʊfeɪ]（英）	[bəˈfeɪ]（美）	自助餐
café	[ˈkæfeɪ]（英）	[kæˈfeɪ]（美）	咖啡馆
advertisement	[ədˈvɜːtɪsmənt]（英）	[ˌædvərˈtaɪzmənt]（美）	广告

注意

还有一些难以归类的常见英音和美音发音区别。例如：

tomato	[təˈmɑːtəʊ]（英）	[təˈmeɪtoʊ]（美）	番茄
either	[ˈaɪðə(r)]（英）	[ˈiːðər]（美）	两者选一，任何一个

2）有些特殊单词，英音中重音在后，而美音中重音在前。例如：

cigarette	[ˌsɪgəˈret]（英）	[ˈsɪgəret]（美）	香烟
laboratory	[ləˈbɒrətri]（英）	[ˈlæbrətɔːri]（美）	实验室

美式发音和英式发音的其他区别：

除了单词发音有区别，美式发音和英式发音的差异还体现在完整的句子上。美式英语语调整体上更加口语化，特别连贯、轻松。英式发音抑扬顿挫非常明显，停顿很多，有板有眼。有些单词和词组，例如 better，bacon，happy，put it on，wake up，stand up 等，在美式英语和英式英语中的发音会有很大的差异(参见前文讲解的“浊化”现象)。

7 英音和美音选择有哪些注意事项?

1）英音和美音并无高下之分，对于学习者而言，**按照自己的偏好来选择即可。**

2）如果是中小学生，可以**尽量模仿教材的口音。**

3）**尽量学习、模仿一种发音，对另外一种发音有所了解即可。**

4）学习者在学习过程中，不可避免地会听到两种口音，而且难以区分。此外，发音纯正的老师很少，天天听他们讲课难免会受影响，所以，**要想一开始就练会纯正的发音并不容易**。不过，不要担心，等英语学到一定的水平之后，辨音能力会提高，到时再矫正为纯正的英音或美音也不晚。

5）**学发音应该以准确为目标，不要幻想和英美人士的发音一样纯正。**在非英语国家，要学会纯正的英语发音是很难的。事实上，英美人士也有各种各样的地域口音，这一点和普通话有很多方言口音的道理相同。

6）**语音学习是一个长期的过程**：学习国际音标，读准单词→学习发音规则，了解规律→模仿美剧，多听多跟读→与英美人士交流，逐步完善。

PART 02

Chapter Ⅰ
基础训练

Chapter Ⅱ
实战演练

晓莉

带你突破
英语发音

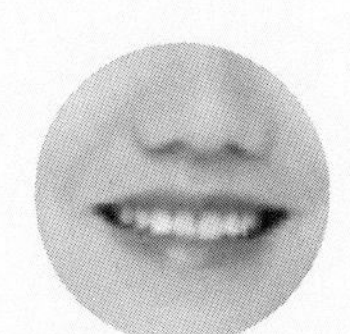

英语听说演练

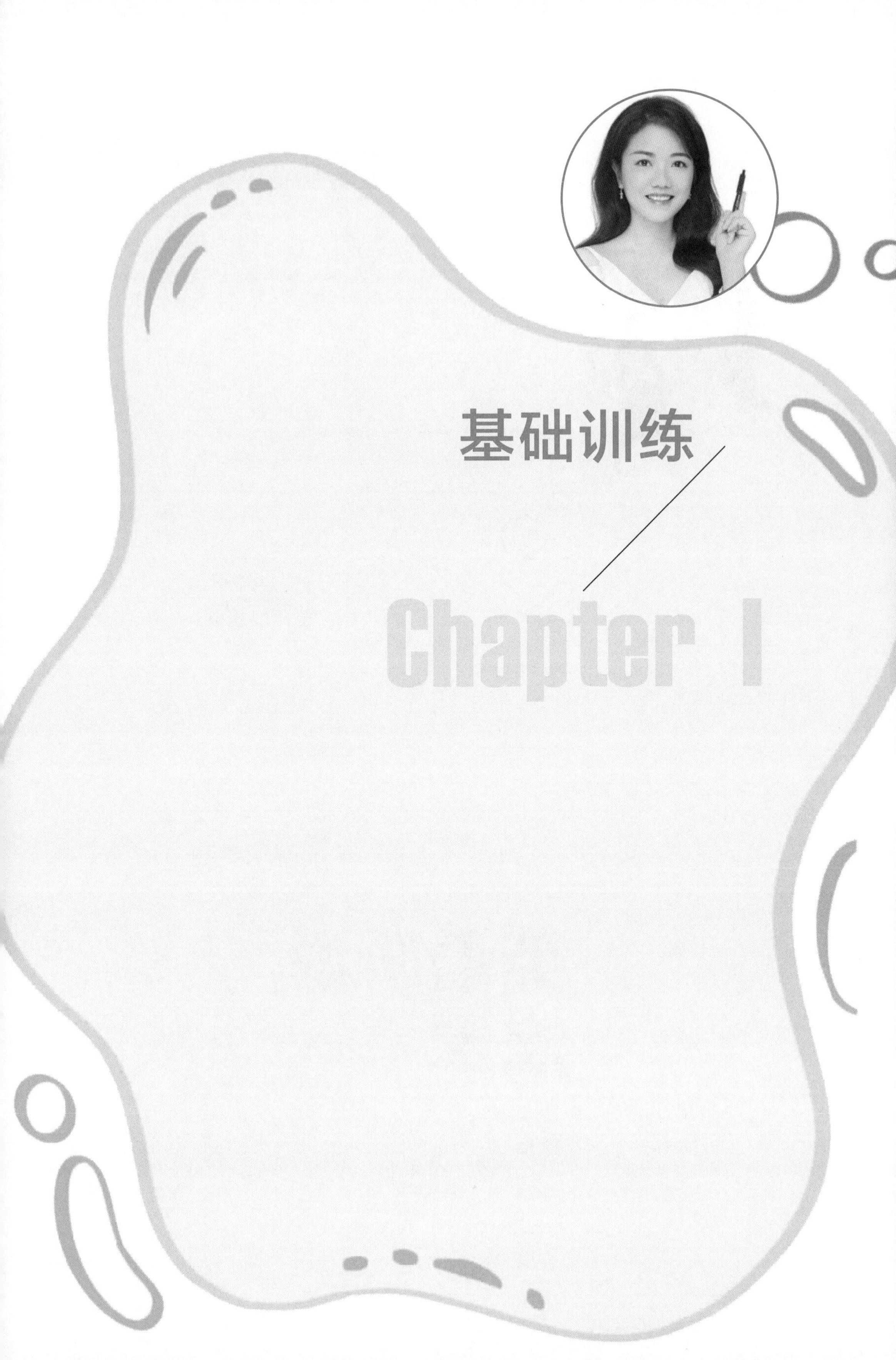

基础训练

Chapter I

Unit 01 基础训练 1

1 写出你听到的内容

Prepare ____ ____ ____ ____ ____.

Prepare to have your mind blown. [prɪˈper] [tə] [hæv] [jər] [maɪnd] [bloʊn]

准备好大开眼界吧！

Prepare to have your mind blown.↘

语音小贴士 to 弱读为[tə]；your 弱读为[jər]；mind 中的[d]为爆破音，后接辅音，则失去爆破，只做口型而不发音。

知识加油站 prepare [prɪˈper] *v.* 准备（高中/CET4/CET6）

Prepare to have your mind blown. / Get ready to have your mind blown. / It'll blow your mind. 准备好大开眼界吧！

2 写出你听到的内容

____ ____ ____ ____ the third wheel.

It's tough feeling like the third wheel. [ɪts] [tʌf] [ˈfiːlɪŋ] [laɪk] [ðə] [θɜːrd] [wiːl]

当电灯泡的感觉很难受。

It's tough // feeling like the third wheel.↘

语音小贴士 like 以不发音的字母 e 结尾，like 和 third 中的[k]和[d]为爆破音，后接辅音，则失去爆破，只做口型而不发音。

3 写出你听到的内容

You ____ ____ ____ hello.

You had me at hello. [juː] [hæd] [mi] [ət] [həˈloʊ]

我对你一见钟情。

You had me at hello.↘

语音小贴士 at 弱读为[ət]，had 和 at 中的[d]和[t]为爆破音，后接辅音，则失去爆破，只做口型而不发音。

Unit 02 基础训练 2

1 写出你听到的内容

What do you ____ ____ ____?

What do you want from me? [wʌt] [duː] [juː] [wɑːnt] [frəm] [mi]

你想从我这里得到什么？

What do you want from me?↘

语音小贴士 what 和 want 中的[t]为爆破音，后接辅音，则失去爆破，只做口型而不发音；do you 在口语中一般弱读更常见，但有时也会强调“你”，所以此处没有弱读；from 弱读为[frəm]；此句为特殊疑问句，可读为降调。

2 写出你听到的内容

Walk ____ ____ ____ ____.

Walk me through what happens. [wɔːk] [mi] [θruː] [wʌt] [ˈhæpənz]

和我说说事情的经过。

Walk me through what happens.↘

语音小贴士 walk 和 what 中的[k]和[t]为爆破音，后接辅音，则失去爆破，只做口型而不发音。

3 写出你听到的内容

____ complete ____.

You complete me. [jə] [kəmˈpliːt] [mi]

你使我变得完整。

You complete me.↘

语音小贴士 you 弱读为 [jə]；complete 以不发音的字母 e 结尾，且其中的[t]为爆破音，后接辅音，则失去爆破，只做口型而不发音。

知识加油站 complete [kəmˈpliːt] v. 完成（高中 /CET4 /CET6）

Unit 03 基础训练 3

1 写出你听到的内容

____ ____ ____ ____ apology.

I owe you an apology. [aɪ] [oʊ] [juː] [ən] [əˈpɑːlədʒi] 我得向你道歉。

I owe you an appology.↘

语音小贴士 you an 为“元音 + 元音”式连读，中间加 [w]；an 弱读为 [ən]；an apology 为“辅音 + 元音”式连读。

知识加油站 1）apology [əˈpɑːlədʒi] *n*. 道歉（高中 /CET4/CET6/考研 /TOEFL）

2）owe [oʊ] *v*. 亏欠

3）own [oʊn] *v*. 拥有 *pron*. 自己

I own it. 我拥有它。 He lives on his own. 他独自生活。

2 写出你听到的内容

____ ____ ____ ____ books.

Better go hit those books. [ˈbetər] [goʊ] [hɪt] [ðoʊz] [bʊks] 该复习功课了！

Better go hit those books.↘

语音小贴士 better 中的 tt 发一个音[t]，而[t]位于两个元音之间，则应发美式闪音[t]；hit 中的[t]为爆破音，后接辅音，则失去爆破，只做口型而不发音。

3 写出你听到的内容

____ ____ ____ ____, young man.

Hold it right there, young man. [hoʊld] [ɪt] [raɪt] [ðer] [jʌŋ] [mæn]

等一下，年轻人。

Hold it right there, young man.↘

语音小贴士 hold it 为“辅音 + 元音”式连读；it 和 right 中的[t]为爆破音，后接辅音，则失去爆破，只做口型而不发音。

Unit 04 基础训练 4

1 写出你听到的内容

____ ____ finally ____ ____ ____.

Nice to finally see your face. [naɪs] [tə] [ˈfaɪnəli] [siː] [jər] [feɪs]

很高兴终于见到你了。

Nice to finally see your face.↘

语音小贴士 to 弱读为 [tə]; your 弱读为 [jər]。

2 写出你听到的内容

____ ____ ____ have a crush on ____.

I kind of have a crush on him. [aɪ] [kaɪnd] [əv] [hæv] [ə] [krʌʃ] [ɑːn] [ɪm]

我有点喜欢上他了。

I kind of have a crush on him.↘

语音小贴士 kind of 为"辅音 + 元音"式连读; of 强读为[ʌv], 弱读为[əv]; a 弱读为[ə], have a 为"辅音 + 元音"式连读; crush on 为"辅音 + 元音"式连读; him 中的[h]击穿。

3 写出你听到的内容

____ annoying, ____ ____ ?

It's annoying, isn't it? [ɪts] [əˈnɔɪɪŋ] [ˈɪzn] [ɪt]

真的很烦, 你不觉得吗?

It's annoying, isn't it?↘

语音小贴士 it's 为 it is 的缩写, it's annoying 为"辅音 + 元音"式连读; isn't 为 is not 的缩写, 其中, 当[t]以[nt]组合出现且为非重音时, t 的发音为 Dropped [t] (省略音[t]), 不发音, [n]直接和后面的[ɪt]形成"辅音 + 元音"式连读。

Unit 05 基础训练 5

1 写出你听到的内容

____ ____ ____ put this ____ ____?

Can't we just put this behind us? [kænt] [wiː] [dʒʌst] [pʊt] [ðɪs] [bɪˈhaɪnd] [əs]

我们能不能别再计较这件事了？

Can't we just put this behind us?↗

语音小贴士 can't/just/put 中的[t]为爆破音，后接辅音，则失去爆破，只做口型而不发音；behind us 为“辅音 + 元音”式连读，us 弱读为[əs]；此句为一般疑问句，读为升调。

2 写出你听到的内容

____ ____ ____ ____ ____ bite?

Do you wanna grab a bite? [də] [jə] [ˈwɑːnə] [græb] [ə] [baɪt] 你想吃点东西吗？

Do you wanna grab a bite?↗

语音小贴士 do 弱读为[də]；you 弱读为[jə]；wanna 为 want to 的非正式缩写；grab a 为“辅音 + 元音”式连读，a 弱读为[ə]；此句为一般疑问句，读为升调。

3 写出你听到的内容

I like betting. ____ ____ ____ ____ ____.

I like betting. I wouldn't bet on it. [aɪ] [laɪk] [ˈbetɪŋ] [aɪ] [wʊdnt] [bet] [ɑːn] [ɪt]

我喜欢赌博。我可不这么认为。

I like betting.↘ I wouldn't bet on it.↘

语音小贴士 wouldn't 中的[t]为爆破音，后接辅音，则失去爆破，只做口型而不发音；bet on 为“辅音 + 元音”式连读；on it 为“辅音 + 元音”式连读。

知识加油站 bet [bet] *v*. 打赌（高中 /CET4 /CET6 /考研 /IELTS）

I bet. 当然。

Unit 06 基础训练 6

1 写出你听到的内容

____ ____ fresh blood ____ ____ ____ ____.

We need fresh blood to lead the team.

[wi] [niːd] [freʃ] [blʌd] [tə] [liːd] [ðə] [tiːm]

我们需要新鲜的血液来领导团队。

We need fresh blood to lead the team. ↘

语音小贴士 need/blood/lead 这三个词中的[d]为爆破音，后接辅音，则失去爆破，只做口型而不发音；to 弱读为[tə]；the 弱读为[ðə]。

2 写出你听到的内容

Don't ____ ____ ____ ____.

Don't blow me off. [doʊnt] [bloʊ] [mi] [ɑːf] 不要拒绝我。

Don't blow me off. ↘

语音小贴士 don't 为 do not 的缩写形式，其中[t]为爆破音，后接辅音，则失去爆破，只做口型而不发音（此句中的 me off 未连读，me off 也可为“元音＋元音”式连读，中间加[j]）。

3 写出你听到的内容

His wife ____ ____ ____.

His wife cheated on him. [ɪz] [waɪf] [ˈtʃiːtɪd] [ɑːn] [ɪm]

他的妻子背叛了他。

His wife cheated on him. ↘

语音小贴士 his 弱读为[ɪz]（一般 h 在句首时，说话人声音浑厚也可击穿）；cheated on 为“辅音＋元音”式连读；him 中的[h]击穿，则 on him 为“辅音＋元音”式连读。

Unit 07 基础训练 7

1 写出你听到的内容

You should ____ ____ ____ ____.

You should check it out sometime. [juː] [ʃəd] [tʃek] [ɪt] [aʊt] ['sʌmtaɪm]

你应该抽时间去看看。

You should check it out sometime.↘

语音小贴士 should 弱读为 [ʃəd]; check it 为"辅音 + 元音"式连读; it 中的[t]前后皆为元音，则应发美式闪音[t]，it out 为"辅音 + 元音"式连读; should 和 out 末尾的爆破音[d]和[t]都失去爆破，只做口型而不发音。

2 写出你听到的内容

We all ____ ____.

We all chipped in. [wi] [ɔːl] [tʃɪpt] [ɪn] 我们一起凑的。

We all chipped in.↘

语音小贴士 we all 为"元音 + 元音"式连读，中间加上[j]，实际发音为['wijɔːl]; chipped in 为"辅音 + 元音"式连读。

3 写出你听到的内容

He doesn't ____ ____ ____.

He doesn't have a clue. [i] ['dʌznt] [hæv] [ə] [kluː] 他什么都不知道。

He doesn't have a clue.↘

语音小贴士 由于说话人声音浑厚，则 he 位于句首时[h]击穿; doesn't 中的[t]为爆破音，后接辅音，则失去爆破，只做口型而不发音; have 以不发音的字母 e 结尾，则 have a 为"辅音 + 元音"式连读。

知识加油站 clue [kluː] *n.* 线索 *v.* 提供线索 (高中/CET4/CET6/考研/IELTS)

Unit 08 基础训练 8

1 写出你听到的内容

Don't be ____ ____.

Don't be silly. [doʊnt] [biː] ['sɪli] 别傻了。

Don't be silly.↘

语音小贴士 don't 为 do not 的缩写形式，其中[t]为爆破音，后接辅音，则失去爆破，只做口型而不发音。

2 写出你听到的内容

Don't ____ ____ ____ ____.

Don't stay up too late. [doʊnt] [steɪ] [ʌp] [tuː] [leɪt] 不要熬夜太晚。

Don't stay up too late.↘

语音小贴士 don't 为 do not 的缩写形式，其中[t]为爆破音，后接辅音，则失去爆破，只做口型而不发音；stay up 为 "元音 + 元音" 式连读，中间加[j]，实际发音为['steɪjʌp]。

3 写出你听到的内容

What ____ ____ trying to say?

What are you trying to say? [wʌt] [ər] [jə] ['traɪɪn] [tə] [seɪ]

你想说什么？

What are you trying to say?↘

语音小贴士 1）what are 为 "辅音 + 元音" 式连读。连读后，[t]的前后都是元音，此时应发成美式闪音[t]（即 Flap [t]）；are 弱读为[ər]；you 弱读为[jə]。此句为特殊疑问句，可读为降调。

2）trying 中的[ŋ]在口语中经常被发为[n]，读作['traɪɪn]，这种语音现象叫作 "g 的脱落（Dropped g）"；to 弱读为[tə]；当 g 脱落后，tryin' 和 to 之间会出现[nt]组合，此时[t]可以吞音，所以 trying to 的发音听上去就成了['traɪɪnə]。

Unit 09 基础训练 9

1 写出你听到的内容

Without ____ ____, ____ ____ Jason.

Without further ado, please welcome Jason.

[wɪˈðaʊt] [ˈfɜːrðər] [əˈduː] [pliːz] [ˈwelkəm] [ˈdʒeɪsn]

废话少说，让我们欢迎杰森。

Without further ado, please welcome Jason. ↗

语音小贴士 without 中的[t]为爆破音，后接辅音，则失去爆破，只做口型而不发音；further ado 为“辅音 + 元音”式连读；陈述句通常读为降调，此处读为升调，因为话还没有说完。

2 写出你听到的内容

____ ____ ____ ____ rain check?

Can I take a rain check? [kən] [aɪ] [teɪk] [ə] [reɪn] [tʃek]

可以改天吗？

Can I take a rain check? ↗

语音小贴士 a 弱读为[ə]；（此句中 can I 未连读，其他情况下可为“辅音 + 元音”式连读）；take 以不发音的字母 e 结尾，则 take a 为“辅音 + 元音”式连读；此句为一般疑问句，可读为升调。

3 写出你听到的内容

____ ____ ____ ____ come clean?

Why don't we just come clean? [waɪ] [doʊnt] [wi] [dʒʌst] [kʌm] [kliːn]

我们为什么不坦白呢？

Why don't we just come clean? ↘

语音小贴士 don't 和 just 中的[t]为爆破音，后接辅音，则失去爆破，只做口型而不发音；此句为特殊疑问句，可读为降调。

Unit 10 基础训练 10

1 写出你听到的内容

Let's _____ _____ _____.

Let's call it a day. [lets] [kɔː l] [ɪt] [ə] [deɪ] 今天就到此为止吧。

Let's call it a day.↘

语音小贴士 call it 为"辅音+元音"式连读；it 中的[t]前后皆为元音，则[t]应发成美式闪音[t]；it a 为"辅音+元音"式连读。

2 写出你听到的内容

_____ dismissed.

You're dismissed. [jʊr] [dɪs'mɪst] 你可以离开了。

You're dismissed.↘

语音小贴士 you're＝you are；dismiss 以清辅音[s]结尾，所以 dimissed 末尾的 ed 发[t]。口诀：清对清，浊对浊，遇到 t/d 要小心。

知识加油站 dismiss [dɪs'mɪs] v. 解雇，解散；出局（高中/CET4/CET6/考研/TOEFL/IELTS）

3 写出你听到的内容

_____ _____ _____ come up _____?

What did you come up with? [wʌt] [dɪd] [jə] [kʌm] [ʌp] [wɪð] 你想到了什么？

What did you come up with?↘

语音小贴士 这句话在日常口语中有两种读法。第一种：在 what did 中，what 末尾的[t]失去爆破；在 did you 中，you 弱读，然后和 did 产生音变，实际发音为['dɪtʃə]；come up 为"辅音+元音"式连读；在 up with 中，up 的末尾是爆破音[p]，此处失去爆破。第二种：美国人经常把 what did you，what have you，what are you"偷懒地"发成 whatcha ['wʌtʃə]。what are you doing = whatcha doin'；what did you do = whatcha do；what have you done = whatcha done。注意：不要在阅读和写作中运用这些非正式缩写形式。

Unit 11 基础训练 11

1 写出你听到的内容

____ ____ enough.

Enough is enough. [ɪ'nʌf] [ɪz] [ɪ'nʌf] 适可而止吧。

Enough is enough.↘

语音小贴士 enough is 为"辅音+元音"式连读；is enough 为"辅音+元音"式连读。

2 写出你听到的内容

Listen up. ____ ____ ____ ____ ____ ____.

Listen up. Quit ditching class or you're grounded.

['lɪsn] [ʌp] [kwɪt] ['dɪtʃɪŋ] [klæs] [ɔːr] [jər] ['graʊndɪd]

听好了。别逃课了，否则你就会被禁足。

Listen up. ↘ Quit ditching class//or you're grounded.↘

语音小贴士 listen up 为"辅音+元音"式连读；quit 中[t]为爆破音，后接辅音，则失去爆破，只做口型而不发音；you're 弱读为[jər]；在 class 后面划分意群。

知识加油站 ditch [dɪtʃ] *v*. 抛弃，摆脱（高中/CET4/CET6/考研/GRE/IELTS)

3 写出你听到的内容

____ ____ no doubt ____ ____.

There is no doubt about it. [ðer] [ɪz] [noʊ] [daʊt] [ə'baʊt] [ɪt]

这是毫无疑问的。

There is no doubt about it.↘

语音小贴士 there is 为"辅音+元音"式连读；doubt about 为"辅音+元音"式连读；about 中的[t]前后皆为元音，则应发成美式闪音[t]，about it 为"辅音+元音"式连读。

Unit 12 基础训练 12

1 写出你听到的内容

____ ____ ____ ____ ____ ____ lately?

What have you done for me lately? [wʌt] [əv] [jə] [dʌn] [fər] [mi] [ˈleɪtli]

你最近为我做了什么呢?

What have you done for me lately?↘

语音小贴士 have 中[h]击穿，弱读为[əv]，则 what 中的[t]前后皆为元音，所以此处的[t]应发成美式闪音[t]，what have 为“辅音+元音”式连读；you 弱读为[jə]；for 弱读为[fər]；此句为特殊疑问句，则读为降调。

2 写出你听到的内容

____ ____ ____ ____ shit.

You're so full of shit. [jər] [soʊ] [fʊl] [ə] [ʃɪt]

你满嘴谎言。

You're so full of shit.↘

语音小贴士 you're 弱读为[jər]；full of 为“辅音+元音”式连读；of 弱读为[ə]。

知识加油站 You're so full of shit. 你满嘴谎话。

You're so full of yourself. 你太自以为是了。

You're so full of love. 你太有爱了。

3 写出你听到的内容

Rise ____ ____. [raɪz] [ən] [ʃaɪn]

太阳晒屁股了!

Rise and shine.↘

语音小贴士 连词 and 弱读为[ən]；rise 以不发音的字母 e 结尾，则 rise and 为“辅音+元音”式连读。

Unit 13 基础训练 13

1 写出你听到的句子

Don't ____ ____.

Don't freak out. [doʊnt] [fri:k] [aʊt]

别慌张。/淡定点。

Don't freak out.↘

语音小贴士 don't 为 do not 的缩写形式，[t]为爆破音，后接辅音，则失去爆破，只做口型而不发音；freak out 为“辅音 + 元音”式连读，连在一起后，[k]前后皆为元音，发[k]时声带跟着一起振动，听起来像是很轻的[g]。

2 写出你听到的内容

Don't be so ____ ____ ____.

Don't be so hard on yourself. [doʊnt] [bi:] [soʊ] [hɑ:rd] [ɑ:n] [jɔ:r'self]

别太自责了。

Don't be so hard on yourself.↘

语音小贴士 don't 为 do not 的缩写形式，[t]为爆破音，后接辅音，则失去爆破，只做口型而不发音；hard on 为“辅音 + 元音”式连读。

3 写出你听到的内容

I don't know ____ ____ ____.

I don't know what to say. [aɪ] [doʊnt] [noʊ] [wʌt] [tə] [seɪ]

我不知道说什么。

I don't know what to say.↘

语音小贴士 在 don't know 中，don't 末尾的[t]失去爆破；to 弱读为[tə]；在 what to 中，what 末尾的[t]失去爆破。

Unit 14 基础训练 14

1 写出你听到的内容

It's not ____ ____.

It's not worth it. [ɪts] [nɑːt] [wɜːrθ] [ɪt]

不值得。

It's not worth it.↘

语音小贴士 not 中的[t]为爆破音，后接辅音，则失去爆破，只做口型而不发音；worth it 为"辅音+元音"式连读。

2 写出你听到的内容

____ ____ ____ ____ to do?

What am I supposed to do? [wʌt] [əm] [aɪ] [sə'poʊzd] [tə] [duː]

我该怎么办?

What am I supposed to do?↘

语音小贴士 am 弱读为[əm]；what am I 这三个单词连在一起读，为"辅音+元音"式连读；to 弱读为[tə]；在 supposed to 中，supposed 的尾音[d]遇到[t]时失去爆破。

3 写出你听到的内容

Get ____ ____.

Get over it. [get] ['oʊvər] [ɪt] 忘了它吧。

Get over it.↘

语音小贴士 get over 为"辅音+元音"式连读；连读后，get 中的[t]前后都是元音，则应发成美式闪音[t]；over it 为"辅音+元音"式连读。

Unit 15 基础训练 15

1 写出你听到的内容

I'm ____ ____.

I'm on it. [aɪm] [ɑːn] [ɪt] 我来搞定。

I'm on it.↘

语音小贴士 I'm on 为"辅音＋元音"式连读；on it 为"辅音＋元音"式连读。

2 写出你听到的内容

You are way ____ ____ ____ line.

You are way out of line. [juː] [ɑːr] [weɪ] [aʊt] [ə] [laɪn]

你欺人太甚。

You are way out of line.↘

语音小贴士 此处 are 表示强调，强读为[ɑːr]；out of 为"辅音＋元音"式连读；连读后，out 的尾音[t]前后都是元音，则应发成美式闪音[t]；of 后接以辅音开头的 line，则 of 弱读为[ə]。

3 写出你听到的内容

____ ____ ____ looking at?

What are you looking at? [wʌt] [ər] [juː] [ˈlʊkɪŋ] [æt]

你在看什么？

What are you looking at?↘

语音小贴士 are 弱读为[ər]；what are 之间为"辅音＋元音"式连读，what 的尾音[t]变为美式闪音[t]；you 在口语中经常弱读为[jə]，此句中 you 强读，说明说话人想要强调"你（you）"；looking at 有两种读法，可以直接形成"辅音＋元音"式连读，也可以把 looking 中的 g 脱落后变为 lookin'，ing 的尾音由[ŋ]变为[n]，然后与 at 连读。这两种情形在口语中都很常见。事实上，所有以-ing结尾的单词都可以这么处理。

Unit 16 基础训练 16

1 写出你听到的内容

Hand ____ ____.

Hand it over. [hænd] [ɪt] ['oʊvər] 交出来。

Hand it over.↘

语音小贴士 hand it 为"辅音+元音"式连读；连读后，it 的尾音[t]前后都是元音，则应发成美式闪音[t]。

2 写出你听到的内容

Stay out ____ ____.

Stay out of it. [steɪ] [aʊt] [əv] [ɪt] 别多管闲事。

Stay out of it.↘

语音小贴士 stay out 为"元音+元音"式连读，中间加[j]；out of 为"辅音+元音"式连读；of 强读为[ʌv]，此处弱读为[əv]；of it 为"辅音+元音"式连读。

3 写出你听到的内容

____ ____ the odds?

What are the odds? [wʌt] [ər] [ðiː] [ɑːdz] 这么巧呀？

What are the odds?↘

语音小贴士 are 经常弱读为[ər]；what are 为"辅音+元音"式连读，连读后，what 的尾音[t]前后都是元音，则应发成美式闪音[t]。odds 以元音开头，则定冠词重读为[ðiː]；the odds 为"元音+元音"式连读，中间加[j]；此句为特殊疑问句，可读为降调。

知识加油站 odd [ɑːd] *n*. 奇数；怪人；奇特的事物（高中/CET4/CET6/考研/TOEFL/IELTS）

Unit 17 基础训练 17

1 写出你听到的内容

____ keep that in mind.

I'll keep that in mind. [aɪl] [kiːp] [ðæt] [ɪn] [maɪnd] 我会记住的。

I'll keep that in mind.↘

语音小贴士 keep 以爆破音[p]结尾，后接辅音，则失去爆破，只做口型而不发音；that in 为"辅音＋元音"式连读，连读后，that 的尾音[t]前后都是元音，则应发成美式闪音[t]。

2 写出你听到的内容

I ____ have a video.

I do have a video. [aɪ] [duː] [hæv] [ə] ['vɪdioʊ] 我有录像。

I do have a video.↘

语音小贴士 此句中 do 表示强调，则强读为[duː]；have 以不发音的字母 e 结尾，则 have a 为"辅音＋元音"式连读；a 弱读为[ə]。

3 写出你听到的内容

What does ____ want?

What does he want? [wʌt] [dəz] [i] [wɑːnt] 他想要什么？

What does he want?↘

语音小贴士 在 what does 中，what 的尾音[t]失去爆破；does 弱读为[dəz]；he 击穿后和 does 形成"辅音＋元音"式连读。此句为特殊疑问句，可读为降调。

Unit 18 基础训练 18

1 写出你听到的内容

What ____ you think?

What do you think? [wʌt] [də] [jə] [θɪŋk] 你是怎么想的?

What do you think?↘

语音小贴士 what 中的[t]为爆破音，后接辅音，则失去爆破，只做口型而不发音，且语速较快，则口型空档忽略不计；do 弱读为[də]，其中[d]前后皆为元音，则应发成美式闪音[d]（[t]和[d]为一对清浊辅音，发音时口型相同，在语速较快的情况下会出现口型重合）；you 弱读为[jə]；此句为特殊疑问句，可读为降调。

2 写出你听到的内容

What ____ ____ gonna do?

What are you gonna do? [wʌt] [ər] [jə] ['gɔːnə] [duː] 你要去做什么?

What are you gonna do?↘

语音小贴士 what are 为“辅音＋元音”式连读；are 弱读为[ər]；you 弱读为[jə]；gonna 为 going to 的非正式缩读；此句为特殊疑问句，可读为降调。

3 写出你听到的内容

____ ____ gonna stop by?

Are you gonna stop by? [ər] [jə] ['gɔːnə] [stɑːp] [baɪ]

你要过来看看吗?

Are you gonna stop by?↗

语音小贴士 are 弱读为[ər]；you 弱读为[jə]；gonna＝going to，为口语中的非正式缩读形式；stop 以爆破音[p]结尾，后接辅音，则失去爆破，只做口型而不发音；此句为一般疑问句，读升调。

Unit 19 基础训练 19

1 写出你听到的内容

Give ____ a try.

Give it a try. [gɪv] [ɪt] [ə] [traɪ] 试试看。

Give it a try. ↘

语音小贴士 give 以不发音的字母 e 结尾，则 give it 为“辅音 + 元音”式连读；it a 为“辅音 + 元音”式连读；a 弱读为[ə]。

2 写出你听到的内容

____ with the other one.

It's with the other one. [ɪts] [wɪθ] [ðiː] [ˈʌðər] [wʌn]

它和另一个在一起。

It's with the other one. ↘

语音小贴士 with 和 the 这两个词相连处是一对清浊辅音，则省去浊辅音，保留清辅音，构成“辅音 + 辅音”式连读；other 以元音开头，则定冠词 the 重读为[ðiː]；the other 为“元音 + 元音”式连读，中间加[j]。

3 写出你听到的内容

____ ____ be a few minutes late.

We're gonna be a few minutes late. [wər] [ˈgɔːnə] [biː] [ə] [fjuː] [ˈmɪnɪts] [leɪt]

我们会迟到几分钟。

We're gonna be a few minutes late. ↘

语音小贴士 we're 为 we are 的缩写形式，we're 可读为[wɪr]，此处弱读为[wər]；gonna 是 going to 的非正式缩读形式；be a 为“元音 + 元音”式连读，中间加 [j]；a 弱读为[ə]。

Unit 20 基础训练 20

1 写出你听到的内容

I'll give ____ ____ shot.

I'll give it a shot. [aɪl] [gɪv] [ɪt] [ə] [ʃɑːt] 我愿意试试。

I'll give it a shot.↘

语音小贴士 give 以不发音的母 e 结尾，则 give it 为"辅音 + 元音"式连读；it a 为"辅音 + 元音"式连读；a 弱读为 [ə]；shot 在此句中发美音 [ʃɑːt]（英音为 [ʃɒt]）。

2 写出你听到的内容

____ ____ own business.

Mind your own business. [maɪd] [jər] [oʊn] [bɪznəs]

少管闲事。

Mind your own business.↘

语音小贴士 your 中的字母 y 发半元音[j]，则 mind your 为"辅音 + 辅音"式连读，your 音变后弱读为[jər]；your own 为"辅音 + 元音"式连读。

3 写出你听到的内容

What ____ ____ want from me?

What do you want from me? [wʌt] [də] [juː] [wɑːnt] [frəm] [mi]

你想从我这儿得到什么？

What do you want from me?↘

语音小贴士 what 中的[t]为爆破音，后接辅音，则只做口型而不发音；第一个 do 弱读为[də]，其中[d]前后皆为元音，则此处[d]应发成美式闪音[d]（[t]和[d]为一对清浊辅音，发音时口型相同，在语速较快的情况下会出现口型重合）；you 在此句中强读为 [juː]，其他情况下也可弱读为[jə]；want 中的[t]为爆破音，后接辅音，则失去爆破，只做口型而不发音；from 为虚词，弱读为[frəm]；此句为特殊疑问句，可读为降调。

实战演练

Chapter II

Unit 01 实战演练 1

听录音，写出你听到的内容

根据提示词，听录音，补充你听到的内容

- What you guys ____ ____ is, ____ ____, kissing is ________ ____ any part ____ ____.
- Serious?
- Yeah. Everything ____ ____ ____ ____ is in ____ ____ ____.
- Absolutely.

跟读录音

- What you guys don't understand is, for us, kissing is as important as any part of it.
  [wʌt] [jə] [gaɪz] [doʊnt] [ˌʌndər'stænd] [ɪz] [fər] [ʌs] ['kɪsɪŋ] [ɪz] [əz] [ɪm'pɔːrtənt] [əz] ['eni] [pɑːrt] [əv] [ɪt]
- Serious?
  ['sɪriəs]
- Yeah. Everything you need to know is in that first kiss.
  [jeə] ['evriθɪŋ] [jə] [niːd] [tə] [noʊ] [ɪz] [ɪn] [ðæt] [fɜːrst] [kɪs]
- Absolutely.
  [ˌæbsə'luːtli]

参考译文

- 你们男孩不懂的是，对我们而言，接吻和其他部分一样重要。
- 真的吗？
- 初吻可以让人明白一切。
- 没错。

跟读提示

What you guys don't understand is, ↘ for us, ↘
kissing is as important as any part of it. ↘
Serious? ↗
Yeah. ↘ Everything you need to know // is in that first kiss. ↘
Absolutely. ↘

重难点点拨

1）在 what you 中，[t]＋[j]→[tʃ]；what you 音变为[ˈwʌtʃə]；
2）you，for，as，of，to 为语法词，不传递主要信息，主要起语法作用，均弱读；
3）注意句中的连读。

知识加油站

1）as＋*adj*./*adv*.＋as 和……一样
as beautiful/tall/cheap/fast as 像……一样漂亮/高/便宜/快
2）含有 serious 的习惯表达：
You're serious?/Are you serious? 你是认真的吗？
I'm serious. 我是认真的。

Unit 02 实战演练 2

听录音，写出你听到的内容

根据提示词，听录音，补充你听到的内容

- Wait, ____ ____ ____ ____ ____ ____ ____, instead of ____ ____ ____ ____ ____?
- Whoa, ____ ____ ____ ____ ____?
- Mom ____ ____ ____, ____ ____ Mitchell ____ ____ ____ ____.
- That is ____ ____ ____.

跟读录音

- Wait, why don't you make her fix this, instead of you doing it as usual?
  [weɪt] [waɪ] [doʊnt] [jə] [meɪk] [hɜːr] [fɪks] [ðɪs] [ɪnˈsted] [əv] [juː] [ˈduːɪŋ] [ɪt] [æz] [ˈjuːʒuəl]
- Whoa, what's that supposed to mean?
  [woʊ] [wʌts] [ðæt] [səˈpoʊzd] [tə] [miːn]
- Mom makes a mess, and there's Mitchell to clean it up.
  [mɑːm] [meɪks] [ə] [mes] [n] [ðerz] [ˈmɪtʃəl] [tə] [kliːn] [ɪt] [ʌp]
- That is so not true.
  [ðæt] [ɪz] [soʊ] [nɑːt] [truː]

参考译文

- 你为什么不让她自己解决呢，而是每次找你帮忙？
- 你这话是什么意思？
- 老妈一闯祸，米切尔就来收拾残局。
- 不是这样的。

跟读提示

Wait, why don't you make her fix this,↘ instead of you doing it as usual?↘

Whoa, what's that supposed to mean?↘

Mom makes a mess,↘ and there's Mitchell to clean it up.↗

That is so not true.↗

重难点点拨

1）don't you 音变为['doʊntʃu]；

2）make her，在口语中通常可以把 her 中的[h]击穿，形成“辅音 + 元音”式连读。但是此处为了对比 her 和 you（即：为什么不让“她自己”解决，而每次都找“你”帮忙），make her 中的 her 以及随后 instead of you 中的 you 都没有弱读，而是刻意地重读了。instead of，doing it as usual，makes a，clean it up，that is 均会出现“辅音 + 元音”式连读；

3）of 弱读为[əv]；to 弱读为[tə]；a 弱读为[ə]；and 弱读为[n]。

知识加油站

1）as usual 像往常一样

As usual，she's wearing jeans. 同往常一样，她穿着牛仔裤。

2）instead of 代替，而不是

You can go instead of me，if you want. 如果你愿意的话，你可以替我去。

Unit 03 实战演练 3

听录音，写出你听到的内容

根据提示词，听录音，补充你听到的内容

- What ____ ____ ____ ____?
- I'm ____ ____ ____ you.
- Can I ____ ____ ____ and Gloria ____ ____ ____?
- She's ____ ____ ____ ____ Manny ____.
- He ____ ____ ____ bike ____ ____.
- Oh, ____ ____ ____ ____ ____ ____ ____ ____ ____ some kids.

跟读录音

- What are you doing here?
  [wʌt] [ər] [jə] [ˈduːɪŋ] [hɪr]
- I'm sorry to bother you.
  [aɪm] [ˈsɑːri] [tə] [ˈbɑːðər] [juː]
- Can I talk to you and Gloria for a second?
  [kən] [aɪ] [tɔːk] [tə] [jə] [n] [ˈglɔːriə] [fər] [ə] [ˈsekənd]
- She's out dealing with a Manny situation.
  [ʃiz] [aʊt] [ˈdiːlɪŋ] [wɪθ] [ə] [ˈmæniː] [ˌsɪtʃuˈeɪʃn]
- He set a kid's bike on fire.
  [hi] [set] [ə] [kɪdz] [baɪk] [ɑːn] [ˈfaɪr]
- Oh, I might have told him to get even with some kids.
  [oʊ] [aɪ] [maɪt] [əv] [toʊld] [ɪm] [tə] [get] [ˈiːvn] [wɪθ] [səm] [kɪdz]

参考译文

- 你在这儿做什么呢？
- 抱歉打搅你了。
- 我能和你以及格洛丽亚聊会儿吗？
- 她出去解决曼尼的事情了。
- 他把一个小孩的单车给烧了。
- 哦，我可能和他说了让他去报复那些小孩。

跟读提示

What are you doing here?↘

I'm sorry to bother you.↘

Can I talk to you and Gloria for a second?↗

She's out dealing with a Manny situation.↘

He set a kid's bike on fire.↘

Oh, I might have told him to get even with some kids.↘

重难点点拨

1）what are 为“辅音＋元音”式连读，are 弱读为[ər]；连读后 what are 听起来像 water 的发音；you 弱读为[jə]；to 弱读为[tə]；and 弱读为[n]；for 弱读为[fər]；a 弱读为[ə]；some 弱读为[səm]；

2）with 中的 th 在口语中通常发清辅音[θ]；

3）have 中的[h]击穿，不发音，have 弱读为[əv]；might have 为“辅音＋元音”式连读；

4）him 中的[h]击穿，不发音，则 him 的发音为[ɪm]；told him 为“辅音＋元音”式连读，实际发音为['təʊldɪm]。

知识加油站

1）deal with 处理

2）set sth on fire 放火烧某物

3）might have done sth 过去可能做过某事（对过去的猜测）

4）get even with sb 报复某人

Unit 04 实战演练 4

听录音，写出你听到的内容

根据提示词，听录音，补充你听到的内容

- You ____ ____ ____ ____.
- You're ____ ____ ____.
- ____ me. The ____ ____.
- ____ ____ ____ simple questions ____ ____.
- ____ ____ ____ rank ____ ____ ____ ____ at Great Shakes ____ ____ ____ ____ ____.
- I don't ____ ____ ____ ____.
- ____ ____ ____ ____ menu right there ____ ____ ____.

跟读录音

- You can wear them tonight.
  [jə] [kən] [wer] [əm] [tə'naɪt]
- You're gonna love him.
  [jər] ['gənə] [lʌv] [ɪm]
- Trust me. The guy's hilarious.
  [trʌst] [mi] [ðə] [gaɪz] [hɪ'lerɪəs]
- Just a few simple questions for you.
  [dʒʌst] [ə] [fjuː] ['sɪmpl] ['kwestʃənz] [fɔːr] [jə]
- Would you please rank your favorite ice creams at Great Shakes from least favorite to favorite?

参考译文

- 你今晚可以戴。
- 你一定会很喜欢他的。
- 相信我。这家伙挺逗的。
- 就问你几个简单的问题。
- 你能否根据自己的喜好把美昔冰淇淋从最不喜欢到最喜欢的排一下序？

[wəd] [juː] [pliːz] [ræŋk] [jər] ['feɪvərɪt] [aɪs] [kriːmz] [ət] [greɪt] [ʃeɪks] [frəm] [liːst] ['feɪvərɪt] [tə] ['feɪvərɪt]

- I don't know them by heart.
  [aɪ] [doʊnt] [noʊ] [əm] [baɪ] [hɑːrt]
- 我其实也不太熟悉它们。
- There should be a menu right there to your right.
  [ðer] [ʃʊd] [biː] [ə] ['menjuː] [raɪt] [ðer] [tə] [jər] [raɪt]
- 你右手边应该有的菜单。

跟读提示

You can wear them tonight.↘

You're gonna love him.↘

Trust me.↘ The guy's hilarious.↘

Just a few simple questions for you.↘

Would you please // rank your favorite ice creams at Great Shakes // from least favorite to favorite? ↘

I don't know them by heart.↘

There should be a menu right there to your right.

重难点点拨

1）can 弱读为[kən]；them 吞音弱读为[əm]，则 wear them 为"辅音 + 元音"式连读；

2）you're 弱读为[jər]；him 中的[h]击穿；love 以不发音的字母 e 结尾，则 love him 为"辅音 + 元音"式连读，实际发音为['lʌvɪm]；

3）trust 中的[t]为爆破音，后接辅音，则失去爆破，只做口型而不发音；

4）just a 为"辅音 + 元音"式连读，a 弱读为[ə]；you 弱读为[jə]。

5）would you 音变为['wədʒuː]；rank 中的[k]为爆破音，后接辅音，则失去

爆破，只做口型而不发音；your 弱读为[jər]；at 弱读为[ət]；from 弱读为[frəm]；least 中的[t]为爆破音，后接辅音，则失去爆破，只做口型而不发音；to 弱读为 [tə]；

6）don't 中的[t]为爆破音，后接辅音，则失去爆破，只做口型而不发音；them 弱读为[əm]；

7）a 弱读为[ə]；should 中的[d]和 right 中的[t]为爆破音，后接辅音，则失去爆破，只做口型而不发音；your 弱读为[jər]。

知识加油站

wear 的用法

She's wearing a black dress. 她穿着一条黑裙子。

I wear little make-up. 我化了淡妆。

He wears glasses for reading. 他戴着眼镜阅读。

Look at the cute hat you're wearing. 看你戴的这顶可爱的帽子。

注意

穿衣服、化妆、戴眼镜、戴帽子均可使用动词 wear。

Unit 05 实战演练 5

听录音，写出你听到的内容

根据提示词，听录音，补充你听到的内容

- Because ____ ____ ____ ____ ____ ____.
- ____ ____ ____ go wrong ____.
- ____ ____ ____ ____ looks great!
- I love you ____ ____ ____ ____.

跟读录音

- Because the grey one washes me out.
  [bɪˈkɔːz] [ðə] [ɡreɪ] [wʌn] [wɑːʃɪz] [miː] [aʊt]
- You can't go wrong here.
  [juː] [kænt] [ɡoʊ] [rɔːŋ] [hɪr]
- Everything you've tried on looks great!
  [ˈevriθɪŋ] [jəv] [traɪd] [ɑːn] [lʊks] [ɡreɪt]
- I love you in both of them.
  [aɪ] [lʌv] [juː] [ɪn] [boʊθ] [ə] [ðəm]

参考译文

- 因为灰色的这件使我显得很苍白。
- 别误会。
- 你穿什么都帅呆了！
- 你穿这两件我都喜欢。

跟读提示

Because the grey one washes me out.↘

You can't go wrong here.↘

Everything you've tried on looks great!↘

I love you in both of them.↘

重难点点拨

1）because 在英式英语和美式英语中的发音不同，英式发音为[bɪˈkɒz]，美式发音为[bɪˈkɔːz]，但在口语中都可以弱读为[bɪˈkəz]；

2）you've 和 you 后面接辅音时发音很相似，[v]后面遇到辅音时，声音非常轻（如 a lot of people 中的[v]基本听不到）；

3）注意区分 tried on 和 try on 的发音，前者为“辅音 + 元音”式连读（[traɪd] [ɑːn]）；后者为“元音 + 元音”式连读，中间有过渡音[j]（实际发音为[traɪ] [jɑːn]）；

4）I love you in both of them. 此处，of 直接弱化为[ə]，和 both 形成“辅音 + 元音”式连读。同样，我们也可以把 them 击穿为[əm]，of 弱化为[əv]，这样 both of them 可以读为[boʊθ] [əv] [əm]。

知识加油站

表述“穿衣服”时介词选用 on 还是 in，取决于主语是谁。人穿衣服，人在衣服里面，用 in；衣服做主语，衣服在人身上，用 on。例如：

You look great in the dress.

The dress looks great on you.

你穿这件衣服很好看。

Unit 06 实战演练 6

听录音，写出你听到的内容

根据提示词，听录音，补充你听到的内容

- Mom, ____ ____ ____ ____.
- I ____ ____ ____ things.
- And I ____ ____ ____ ____ ____ the good girl ____ pretend ____ ____.

跟读录音

- Mom, I'm not an idiot.
  [mɑːm] [aɪm] [nɑːt] [ən] [ˈɪdiət]
- I pick up on things.
  [aɪ] [pɪk] [ʌp] [ɑːn] [θɪŋz]
- And I don't think that you were the good girl you pretend you were.
  [ənd] [aɪ] [doʊnt] [θɪŋk] [ðət] [juː] [wər] [ðə] [gʊd] [gɜːrl] [juː] [prɪˈtend] [jə] [wər]

参考译文

- 妈妈，我又不傻。
- 我看得出来。
- 我觉得你可不是你装出来的那种好女孩。

跟读提示

Mom, I'm not an idiot.↘

I pick up on things.↘

And I don't think that you were the good girl you pretend you were.↘

重难点点拨

1）I'm not an idiot. not an 之间为“辅音 + 元音”式连读。an idiot 之间的连读会弱很多，因为 idiot 以重音开头；

2）pretend you 音变为［prɪˈtendʒə］。

知识加油站

pretend［prɪˈtend］*v*. 假装

He pretended he didn't mind, but I knew that he did.

他假装自己不在意，但我知道他是在意的。

Unit 07 实战演练 7

听录音，写出你听到的内容

根据提示词，听录音，补充你听到的内容

- Oh my god! ____ ____ arrested?!
- Awesome!
- ____ ____!
- ____ I ____ arrested.
- ____ ____ ____ ____ ____ a joke.
- ____ ____ just a joke.
- I ____ ____ million.

跟读录音

- Oh my god! You were arrested?!
  [oʊ] [maɪ] [gaːd] [jə] [wər] [əˈrestɪd]
- Awesome!
  [ˈɔːsəm]
- Not awesome!
  [naːt] [ˈɔːsəm]
- And I wasn't arrested.
  [ən] [aɪ] [ˈwʌznt] [əˈrestɪd]
- Your grandfather is just telling a joke.
  [jər] [ˈgrænfaːðər] [ɪːz] [dʒʌst] [ˈtelɪŋ] [ə] [dʒoʊk]

参考译文

- 哦，天哪！你进过局子?!
- 太酷了！
- 酷什么酷！
- 我没有被逮捕。
- 你们外公只是在开玩笑。

- It was just a joke.
  [ɪt] [wəz] [dʒʌst] [ə] [dʒoʊk]
- I got a million.
  [aɪ] [gɑːt] [ə] [ˈmɪljən]

- 这只是个玩笑。
- 我能讲很多个。

跟读提示

Oh my god!↘ You were arrested?!↗

Awesome!↘ Not awesome!↘

And I wasn't arrested.↘

Your grandfather is just telling a joke.↘

It was just a joke.↘

I got a million.↘

重难点点拨

1) 在 wasn't arrested 中，wasn't 以辅音[t]结尾，arrested 以元音开头，两者形成"辅音+元音"式连读。此处会形成一个[nt]组合，且为非重读音节，所以[t]可以被吞掉，wasn't arrested 的实际发音为[ˌwʌznəˈrestɪd]；telling a 为"辅音+元音"式连读；

2）million 的英式和美式音标虽然标注方式相同，但是发音的感觉完全不一样。美国人在发音时，将该词划分成了 mil-lion，前一个 l 的发音是 Dark [l]（即[l]后没有其他元音），而英国人在发音时，将该词划分成了 mi-llion（[l]后面是元音）。

知识加油站

arrest [əˈrest] *v*. 逮捕，拘捕（高中 /CET4 /CET6 /考研 /GRE）

He was arrested. 他被捕了。

Unit 08 实战演练 8

听录音，写出你听到的内容

根据提示词，听录音，补充你听到的内容

- ____ find ____ ____ ____ ____.
- Something ____ ____ ____ ____ ____ ____.
- ____ ____ Plan B here，Cam.
- ____ ____ ____ mortgage. ____ ____ ____ ____ ____ ____.
- Hey，it's ____ ____ ____.
- ____ gonna ____ ____ ____.
- ____ ____ ____ ____ to be happy，____ ____ ____ ____ happy.
- ____ ____ ____ ____ ____ toasting.

跟读录音

- We'll find something better for you.
  [wəl] [faɪnd] ['sʌmθɪŋ] ['betər] [fər] [juː]
- Something that works for all of us.
  ['sʌmθɪŋ] [ðət] [wɜːrks] [fər] [ɔːl] [əv] [ʌs]
- There's no Plan B here，Cam.
  [ðerz] [noʊ] [plæn] [biː] [hɪr] [kæm]
- We have a mortgage. We have a child to support.
  [wi] [hæv] [ə] ['mɔːrgɪdʒ] [wi] [hæv] [ə] [tʃaɪld] [tə] [sə'pɔːrt]
- Hey，it's gonna be OK.
  [heɪ] [ɪts] ['gɑnə] [biː] [ˌoʊ'keɪ]

参考译文

- 我们一定能找到更适合你的。
- 而且对大家都好的办法。
- 没有备用方案，小卡。
- 我们要还按揭贷款，还要养个孩子。
- 嘿，一切都会好的。

- We're gonna figure it out.
  [wər] ['gənə] ['fɪgjər] [ɪt] [aʊt]
- 我们一定能想出办法。
- I just want you to be happy, and you will be happy.
  [aɪ] [dʒʌst] [wɑːnt] [jə] [tə] [bi] ['hæpi] [n] [jə] [wɪl] [bi] ['hæpi]
- 我只想让你幸福，你一定会幸福的。

- And that is something worth toasting.
  [n] [æt] [ɪz] ['sʌmθɪŋ] [wɜːrθ] ['toʊstɪŋ]
- 这才是值得庆祝的事情。

跟读提示

We'll find something better for you.↘
Something that works for all of us.↘
There's no Plan B here,↘ Cam.↘
We have a mortgage.↗ We have a child to support.↗
Hey, it's gonna be OK.↘ We're gonna figure it out.↘
I just want you to be happy,↘ and you will be happy.↘
And that is something worth toasting.↘

重难点点拨

1）we'll = we will，强读为[wiːl; wil]，此处弱读为[wəl]；
2）all of us，figure it out 均为三个单词之间的"辅音＋元音"式连读，在口语中出现频率很高，应该多加练习；
3）want you 音变为 ['wɑːntʃə]；
4）And that is something worth toasting. 在 And that 中，that 的 th（[ð]）击穿了，[n]和[æt]连读。需要注意的是：当鼻音[n]后面接咬舌音[θ]或[ð]的时候，舌头首先接触上齿龈，然后要伸出来，置于上下齿之间。在语速很快的情况下，舌头来不及伸出来，就会直接贴着上齿龈发咬舌音，听起来 th（[θ]或[ð]）没有发音。有些学者把这种语音现象叫作"th 的击穿"。

知识加油站

1）mortgage ['mɔːrgɪdʒ] *n*. 房贷
   a monthly mortgage payment 每月的房贷
2）toast *n*. 吐司 *v*. 庆祝

Unit 09 实战训练 9

听录音，写出你听到的内容

根据提示词，听录音，补充你听到的内容

- Just ____ ____ ____ ____ ____.
- Dad, ____ ____ ____ ____ ____ take ____ ____ ____ ____ ____ ____?
- ____ ____.
- Oh, honey. Don't worry. ____ ____ ____ ____ ____ ____. ____ ____.
- ____ ____ minute.
- ____ ____ ____ ____ that party, young lady.

跟读录音

- Just get us out of here.
  [dʒʌst] [get] [əs] [aʊt] [əf] [hɪr]
- Dad, how long is it gonna take to get her out of there?
  [dæd] [haʊ] [lɔːŋ] [ɪz] [ɪt] ['gənə] [teɪk] [tə] [get] [ər] [aʊt] [ə] [ðer]
- Long time. [lɔːŋ] [tdɪm]
- Oh, honey. Don't worry. Mommy is gonna be out soon. Don't panic.
  [oʊ] ['hʌni] [doʊnt] ['wɜːri] ['mɑːmi] [ɪz] ['gənə] [bi] [aʊt] [suːn] [doʊnt] ['pænɪk]
- Wait a minute. [weɪt] [ə] ['mɪnɪt]
- You're not going to that party, young lady.
  [jər] [nɑːt] ['goʊɪŋ] [tə] [ðət] ['pɑːrti] [jʌŋ] ['leɪdi]

参考译文

- 就把我们弄出去吧。
- 爸爸，把她弄出来需要多长时间？
- 很长时间。
- 哦，亲爱的。别担心，妈妈很快就会出来。别紧张。
- 等一下。
- 死丫头，你别想溜去参加派对。

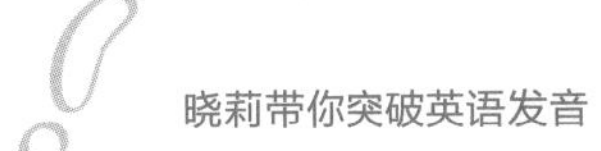

跟读提示

Just get us out of here.↘
Dad,↗ how long is it gonna take to get her out of there?↘
Long time.↘
Oh, honey.↘ Don't worry.↘ Mommy is gonna be out soon.↘ Don't panic.↘
Wait a minute.↘
You're not going to that party,↘ young lady.↘

重难点点拨

of 的强读形式为[ʌv]，弱读形式为[əv]，当后面接辅音时，最“懒”的一种读法是直接把 of 弱化为[ə]。当 of 后面接浊辅音时，可弱化为[əv]；当 of 后面接清辅音时，[əv]中的辅音[v] 会被后面的清辅音同化为[f]，所以 Just get us out of here 中的 of 出现了逆向同化，读作[əf]；而 get her out of there 中的 of 进一步弱化为[ə]；get her 中的[h]击穿，则 get her 为“辅音 + 元音”式连读。

知识加油站

panic [ˈpænɪk] *n*. 恐慌，惊慌；*adj*. 恐慌的；*vt*. 使恐慌（CET4 /TEM4）

It was a moment of blind panic. 当时是一阵莫名的惊慌。

Unit 10 实战演练 10

听录音，写出你听到的内容

根据提示词，听录音，补充你听到的内容

- Um，____ ____ ____，you pull.
- So，____ ____.
- ____ ____ ____ ____ out.
- ____ ____ ____ ____ ____ ____ tools.

跟读录音

- Um，I'm gonna push；you pull.
  [əm] [aɪm] ['gənə] [pʊʃ] [juː] [pʊl]
- So，don't panic.
  [soʊ] [doʊnt] ['pænɪk]
- I'm gonna get you out.
  [aɪm] ['gənə] [get] [jə] [aʊt]
- I'm just gonna go get some tools.
  [aɪm] [dʒʌst] ['gənə] [goʊ] [get] [səm] [tuːlz]

参考译文

- 嗯，我推，你拉。
- 别慌。
- 我会救你出来。
- 我去拿些工具。

跟读提示

Um, I'm gonna push; you pull.↘

So, don't panic.↘

I'm gonna get you out.↘

I'm just gonna go get some tools.↘

重难点点拨

I'm gonna 为 I'm going to 的非正式缩读形式，在美语口语中常常会省略 g，继而 I'm 与后面的 onna（[ənə]）形成"辅音 + 元音"式连读，则 I'm gonna 的实际发音变为['aɪmənə]；get you out 中的 get you 音变为['getʃuː]，继而与后面的 out 形成"元音 + 元音"式连读。

知识加油站

1）push [pʊʃ] *vt*. 推动，增加；对……施加压力，逼迫（CET4/TEM4）

They pushed him into the car. 他们把他推进了小汽车。

2）pull [pʊl] *v*. 拉；拔（CET4/TEM4）

Someone pulled her hair. 有人揪她的头发。

pull 构成的短语：

pull out 驶出；摆脱困境

pull in 停下；进站；到岸；驶进

pull off 完成；脱去

Unit 11 实战演练 11

听录音，写出你听到的内容

根据提示词，听录音，补充你听到的内容

- ____ ____ go?
- Alex, ____ ____ ____ , and ____ ____ ____ ____ ____ ____ dress ____ ____ wedding, ____ ____ ____ ____ ____ ____ world.
- ____ ____ ____. ____ bought ____.
- ____ ____ ____ ____ ____ ____ ____ provoke ____?
- We'll ____ ____ ____ ____ ____.

跟读录音

- How'd it go? [haʊd] [ɪt] [goʊ]
- Alex, I've been thinking, and if you don't wanna wear a dress to the wedding, it's not the end of the world.
  ['ælɪks] [aɪv] [bɪn] ['θɪŋkɪŋ] [ænd] [ɪf] [jə] [doʊnt] ['wɑːnə] [wer] [ə] [dres] [tə] [ðə] ['wedɪŋ] [ɪts] [nɑːt] [ðiː] [end] [əv] [ðə] [wɜːrld]
- It's all right. I bought one.
  [ɪts] [ɔːl] [raɪt] [aɪ] [bɑːt] [wʌn]
- Do you see how she has to provoke me?
  [də] [jə] [siː] [haʊ] [ʃi] [hæs] [tə] [prə'voʊk] [mi]
- We'll talk about it next week.
  [wəl] [tɔːk] [ə'baʊt] [ɪt] [nekst] [wiːk]

参考译文

- 逛得怎么样？
- 艾丽克斯，我想过了。如果你不想穿裙子参加婚礼，也没什么大不了的。
- 没关系，我买了一条。
- 现在你看到她是怎么气我的了吗？
- 我们下周再谈论这个问题。

跟读提示

How'd it go?↘

Alex, I've been thinking,↘ and if you don't wanna wear a dress to the wedding, it's not the end of the world.↘

It's all right. I bought one.↘

Do you see how she has to provoke me?↗

We'll talk about it next week.↘

重难点点拨

1）has to 中出现逆向同化，has（[hæz]）的辅音[z]受到了后面 to 的影响，变成了[hæs]，所以 has to 在口语中发['hæstə]，即 has to = hasta。

2）we'll 位于句首，弱读，只做了口型，发音微弱。

知识加油站

provoke [prə'voʊk] *v*. 激怒；煽动；惹起（CET4 /CET6 /考研 /TOEFL /IELTS）

Don't provoke him to anger. 别惹他生气。

Unit 12 实战演练 12

听录音，写出你听到的内容

根据提示词，听录音，补充你听到的内容

- ____ ____ fault.
- You ____ ____.
- I ____ ____ ____ ____.
- ____ ____ ____ ____ ____ ____? ____ ____ ____ Phil.
- Put ____ down. ____ ____ ____ ____ ____ ____.

跟读录音

- Wasn't my fault. [ˈwʌːznt] [maɪ] [fɔːlt]
- You never miss. [juː] [ˈnevər] [mɪs]
- I must be getting old. [aɪ] [məst] [bi] [ˈgetɪŋ] [oʊld]
- Why don't you just admit it? You never liked Phil. [waɪ] [doʊnt] [jə] [dʒʌst] [ədˈmɪt] [ɪt] [juː] [ˈnevər] [laɪkt] [fɪl]
- Put that down. You do not get a cookie. [pʊt] [ðət] [daʊn] [juː] [duː] [nɑːt] [get] [ə] [ˈkʊki]

参考译文

- 不是我的错。
- 你从来没有失过手。
- 我大概是宝刀已老。
- 你为什么不承认呢？你从来都不喜欢菲尔。
- 放下，才不给你吃曲奇饼干呢。

跟读提示

Wasn't my fault.↘

You never miss.↘

I must be getting old.↘

Why don't you just admit it?↘

You never liked Phil.↘

Put that down.↘

You do not get a cookie.↘

重难点点拨

此段中最难听懂的是 getting old。在口语中，getting 通常读为['getɪn]，也就是很常见的 ing 中出现“g 的脱落”的语音现象。而在美式口语中经常出现弱化现象，[ɪ]非重读时，实际发音往往接近[ə]，因此，['getɪn]听起来像['getən]，这时，[t]会变成 Stop [t]（[t] 只做口型而不发音，具体讲解参见“t 的特殊发音”），因而最终的发音中听不到[t]音。此外，getting 还与后面的 old 形成了“辅音+元音”式连读，因而也就更难听懂了。

知识加油站

1）get old 变老

2）admit [əd'mɪt] *v*. 承认；准许进入；可容纳（CET4/TEM4）

I must admit I am impressed. 我得承认我很佩服。

3）put down 记下；放下；写下

4）cookie *n*. 曲奇饼干；小甜点

Unit 13 实战演练 13

听录音，写出你听到的内容

根据提示词，听录音，补充你听到的内容

- ____ ____ ____ ____ plane crash.
- ____ ____ ____ ____ ____ ____ ____. He insisted.
- ____ ____ ____ chance. ____ ____ ____ ____.
- ____ ____ like the time ____ ____ ____ ____ ____.
- ____ ____ ____ ____ ____?
- ____ ____ ____ accident.
- You know, Dad, ____ ____ ____ ____ ____.

跟读录音

- I was in a plane crash.
  [aɪ] [wəz] [ɪn] [ə] [pleɪn] [kræʃ]
- I didn't ask him to be there. He insisted.
  [aɪ] [ˈdɪdnt] [æsk] [ɪm] [tə] [bɪ] [ðer] [hi] [ɪnˈsɪstɪd]
- He took a chance. This is what happened.
  [hi] [tʊk] [ə] [tʃæns] [ðɪs] [ɪz] [wʌt] [ˈhæpənd]
- Kind of like the time you ran over his foot.
  [kaɪd] [əv] [laɪk] [ðə] [taɪm] [jə] [ræn] [ˈoʊvər] [ɪz] [fʊt]

参考译文

- 飞机失事了。
- 我没让他去那儿，他坚持要去。
- 他非要冒险，就是这样。
- 有点像你上次开车轧过他的脚。

- You ran over his foot?
  [jə] [ræn] ['oʊvər] [ɪz] [fʊt]
- 你轧过他的脚？
- That was an accident.
  [ðət] [wəz] [ən] ['æksɪdənt]
- 那是个意外。
- You know, Dad, you did it on purpose.
  [juː] [noʊ] [dæd] [jə] [dɪd] [ɪt] [ɑːn] ['pɜːrpəs]
- 爸爸，你知道你是故意的。

跟读提示

I was in_a plane crash.↘

I didn't ask him to be there.↗ He insisted.↘

He took_a chance.↗ This_is what happened.↘

Kind_of like the time you ran_over his foot.↘

You ran_over his foot?↗

That was_an_accident.↘

You know,↗ Dad,↘ you did_it_on purpose.↘

重难点点拨

1）you know 中的 you 强读为[juː]，表示强调；chance 的英美发音差别很大，美式发音为[tʃæns]，英式发音为[tʃɑːns]；

2）I didn't ask him to be there 和 You/you ran over his foot 中的 him 和 his 中的[h]均击穿。

知识加油站

1）plane crash 空难；飞机坠毁

2）insist *v*. 坚持，坚持认为（CET4/TEM4）

"It's not that difficult," she insists. "这件事并不是那么难，"她坚持说。

Unit 14 实战演练 14

听录音，写出你听到的内容

根据提示词，听录音，补充你听到的内容

- I think ____ ____ ____ ____ ____ ____ ____.
- Hey, ____ ____ ____ ____ ____ ____, ____ ____ ____ ____ garbage?
- I ____ ____. OK. We ____ ____.
- ____ ____ ____ jumpy.
- Oh, ____ ____.
- Teenage boy ____ ____ ____ ____ ____ ____ ____ ____.

跟读录音

- I think I'm gonna go wait in the car.
  [aɪ] [θɪŋk] [aɪm] ['ɡənə] [ɡoʊ] [weɪt] [ɪn] [ðə] [kɑːr]
- Hey, if you're on your way out, can you grab the garbage? [heɪ] [ɪf] [jər] [ɑːn] [jər] [weɪ] [aʊt] [kən] [jə] [ɡræb] [ðə] ['ɡɑːrbɪdʒ]
- I got it. OK. We got it.
  [aɪ] [ɡɑːt] [ɪt] [ˌoʊ'keɪ] [wi] [ɡɑːt] [ɪt]
- He's a little jumpy. [hiz] [ə] ['lɪtl] ['dʒʌmpi]
- Oh, go figure. [oʊ] [ɡoʊ] ['fɪɡjər]
- Teenage boy doesn't wanna hang out with his girlfriend's dad. ['tiːneɪdʒ] [bɔɪ] ['dʌznt] [wɑːnə] [hæŋ] [aʊt] [wɪθ] [ɪz] ['ɡɜːrlfrendz] [dæd]

参考译文

- 我想我还是去车里等吧。
- 嘿，你出去时能把垃圾倒掉吗？
- 我知道了，好的，我们知道了。
- 他有点坐不住呀。
- 哦，你想想看。
- 小男生不会愿意和女朋友的爸爸一起玩。

跟读提示

I think I'm gonna go wait in the car.↘

Hey, if you're on your way out,↘ can you grab the garbage?↗

I got it. OK. We got it.↘

He's a little jumpy.↘

Oh, go figure.↘

Teenage boy doesn't wanna hang out with his girlfriend's dad.↘

重难点点拨

1）gonna 为 going to 的非正式缩写。I'm gonna 既可以读为[aɪm] ['gənə]，也可以把[g]省略，读为['aɪmənə]。

2）with his girlfriend's 中的 with 弱读为[wɪθ]，his 中的[h]击穿。

知识加油站

1）I'm gonna go wait in the car 和 go figure 可能会让大家心存疑惑。英语语法的原则是一个句子中有且仅有一个谓语动词，如果出现两个或者多个谓语动词，则要变为并列句。此处，“go + 动词原形”确实不符合英语语法规则。但是，“go + 动词原形”在口语中已经形成了一种习惯。注意：英语口语中有时候会出现不遵循语法规则的情况。

2）garbage ['gɑːrbɪdʒ] *n*. 垃圾；废物

garbage can 垃圾箱　garbage collector 清除垃圾的人；清洁工

3）jumpy ['dʒʌmpi] *adj*. （人）焦虑不安的，神经质的

I told myself not to be so jumpy. 我告诉自己别那么坐立不安。

4）hang out 挂出；闲逛

Unit 15 实战演练 15

听录音，写出你听到的内容

根据提示词，听录音，补充你听到的内容

- ____ ____ ____ ____ ____ by 6.
- ____ ____ call home.
- ____ ____ not gonna ____ ____.
- Sometimes ____ ____ ____ ____ ____ ____ ____ ____ ____ ____.

跟读录音

- We're never gonna be done by 6.
  [wər] ['nevər] ['gənə] [bi] [dʌn] [baɪ] [sɪks]
- I'd better call home.
  [aɪd] ['betər] [kɔːl] [hoʊm]
- My wife's not gonna like this.
  [maɪ] [waɪfs] [nɑːt] ['gənə] [laɪk] [ðɪs]
- Sometimes I think she just wants to be mad at me.
  ['sʌmtaɪmz] [aɪ] [θɪŋk] [ʃi] [dʒʌst] [wɑːnts] [tə] [bi] [mæd] [ət] [mi]

参考译文

- 我们六点之前是走不了了。
- 我最好先打个电话回家。
- 我妻子会不高兴的。
- 有时我觉得他就喜欢冲我发火。

跟读提示

We're never gonna be done by 6.↘

I'd better call home.↘

My wife's not gonna like this.↘

Sometimes I think she just wants to be mad at me.↘

重难点点拨

we're = we are，we're 强读为 [wɪr]，弱读为 [wər]。此处弱读。

知识加油站

1）I'd better do sth = I had better do sth 意为“我最好做某事”，表示强烈的建议；better 后接动词原形

2）be mad at sb 生某人的气

Unit 16 实战演练 16

听录音，写出你听到的内容

根据提示词，听录音，补充你听到的内容

- Come on. Now ____ ____ ____ ____.
- ____ ____ ____ ____ ____ ____ around here.
- ____ ____ ____ ____ ____, OK?
- ____ ____ ____ ____ ____ TV and ____ ____.
- ____ ____ ____ ____ I can ____ ____.
- May I ____ ____ ____ ____ ____?

跟读录音

- Come on. Now grow up a little.
  [kʌm] [ɑːn] [naʊ] [groʊ] [ʌp] [ə] [ˈlɪtl]
- I need things to start changing around here.
  [aɪ] [niːd] [θɪŋz] [tə] [stɑːrt] [ˈtʃeɪndʒɪŋ] [əˈraʊnd] [hɪr]
- Or I will change things, OK?
  [ɔːr] [aɪ] [wəl] [tʃeɪndʒ] [θɪŋz] [ˌoʊˈkeɪ]
- There will be no more TV and no Internet. And no whatever else I can think of.
  [ðer] [wəl] [bɪ] [noʊ] [mɔːr] [ˌtiːˈviː] [n] [noʊ] [ˈɪntərnet] [n] [noʊ] [wʌˈtevər] [els] [aɪ] [kən] [θɪŋk] [əv]
- May I have a word with you?
  [meɪ] [aɪ] [hæv] [ə] [wɜːrd] [wɪð] [juː]

参考译文

- 拜托，成熟点吧。
- 我需要这里的风气稍微改变一下。
- 否则我会强制让你们改，知道吗？
- 禁止看电视，禁止上网。还要禁止其他我能想到的事情。
- 我能和你说几句吗？

跟读提示

Come on. Now grow up // a little.↘

I need things to start changing around here.↘

Or I will change things, OK?↗

There will be no more TV↗ and no Internet. ↗ And no whatever else I can think of. ↘

May I have a word with you? ↘

重难点点拨

1）在 grow up a little 中，grow up 为“辅音 + 元音”式连读；up 和 a little 之间既可以划分意群，也可以不停顿，直接连读；

2）or 和 I 之间既可以断句，也可以连读。此处朗读者特意停顿，强读 or，主要是为了体现后面所说内容的重要性。

知识加油站

1）grow up 成长，长大

2）start doing sth 开始做某事

3）there be 结构表示“有，存在”

Unit 17 实战演练 17

听录音，写出你听到的内容

根据提示词，听录音，补充你听到的内容

- I ____ Claire ____ ____ ____ ____ ____ ____.
- ____ ____ ____, "____ ____ hike."
- It's ____ ____ ____.
- ____ ____ bananas for ____ ____ ____ ____.

跟读录音

- I asked Claire what she wanted for Mother's Day.
  [aɪ] [æskt] [kler] [wʌt] [ʃi] ['wɑːntɪd] [fər] ['mʌðərz] [deɪ]
- And she said, "take a hike."
  [n] [ʃi] [sed] [teɪk] [ə] [haɪk]
- It's not like that.
  [ɪts] [nɑːt] [laɪk] [ðæt]
- She's just bananas for walking around in nature.
  [ʃiz] [dʒʌst] [bə'nænəz] [fər] ['wɔːkɪŋ] [ə'raʊnd] [ɪn] ['neɪtʃər]

参考译文

- 我问卡莱尔母亲节想要什么。
- 她说："滚远点。"
- 当然不是那样。
- 她只是痴迷于行走在大自然间。

跟读提示

I asked Claire what she wanted for Mother's Day.↘

And she said,↘ "take a hike."↘

It's not like that.↘

She's just bananas for walking around in nature.↘

重难点点拨

wanted 听起来很像 wanna。由于 wanted 单词内部有一个"[nt]+元音"组合，此时，[t]会被吞掉。另外，wanted 后面接的是 for，[d]会失去爆破。所以，wanted 和 wanna 听起来很像。

知识加油站

go bananas〈俚语〉发疯，发狂

He'll go bananas when he finds out the truth. 他知道真相后会发疯的。

be bananas for doing sth 对于做某事很疯狂

Unit 18 实战演练 18

听录音，写出你听到的内容

根据提示词，听录音，补充你听到的内容

- Ah, ____ ____ ____ ____ ____ ____, huh.
- ____ ____ ____ ____ like that.
- ____ ____ got problems.
- ____ ____ ____ work, sweetie.
- That look ____ ____ ____ ____ ____.
- ____ ____, ____ ____.

跟读录音

- Ah, no place to go but up, huh.
  [ɑː] [noʊ] [pleɪs] [tə] [goʊ] [bət] [ʌp] [hʌ]
- Don't look at me like that.
  [doʊnt] [lʊk] [ət] [mi] [laɪk] [ðæt]
- We all got problems.
  [wi] [ɔːl] [gɑːt] ['prɑːbləmz]
- This ain't gonna work, sweetie.
  [ðɪs] [eɪnt] ['gənə] [wɜːrk] ['swiːti]
- That look ain't gonna work on me.
  [ðæt] [lʊk] [eɪnt] ['gənə] [wɜːrk] [ɑːn] [mi]
- Come on, let's go.
  [kʌm] [ɑːn] [lets] [goʊ]

参考译文

- 啊，除了上去没别的选择了。
- 别那么看着我。
- 家家有本难念的经。
- 这招没用的，宝贝。
- 你那种眼神对我不起作用。
- 来吧，我们走吧。

跟读提示

Ah, no place to go but up, huh.↗

Don't look at me like that.↘

We all got problems.↘

This ain't gonna work, sweetie.↘

That look ain't gonna work on me.↘

Come on, let's go.↘

重难点点拨

ain't 是典型的非正式缩写单词，在日常听力和口语中出现的频率极高，但是大家要记住，不要把它用在阅读和写作中。ain't = is not /are not /am not /have not /has not。

知识加油站

No place to go but up. 此句为省略句，完整的表述是：No place to go but to go up.

Unit 19 实战演练 19

听录音，写出你听到的内容

根据提示词，听录音，补充你听到的内容

- Gloria ____ ____ ____ ____ ____, looking for ____, ____, ____ ____ ____.
- She's ____ ____ ____ ____.
- ____ ____ one thing ____ ____ ____ ____ ____ ____.

跟读录音

- Gloria collects every kind of stray, looking for work, money, you name it.
  [ˈglɔːriə] [kəˈlekts] [ˈevri] [kaɪnd] [əv] [streɪ] [ˈlʊkɪn] [fər] [wɜːrk] [ˈmʌni] [juː] [neɪm] [ɪt]
- She's got a big heart.
  [ʃiz] [gɑːt] [ə] [bɪg] [hɑːrt]
- It's the one thing I'd like to change about her.
  [ɪts] [ðə] [wʌn] [θɪŋ] [aɪd] [laɪk] [tə] [tʃeɪndʒ] [əˈbaʊt] [ər]

参考译文

- 格洛丽亚收留各种流浪汉，求职的、求财的，应有尽有。
- 她有一颗仁善之心。
- 这是我唯一想要改变她的地方。

跟读提示

Gloria collects every kind of stray,↘

looking for work, money, you name it.↘

She's got a big heart.↘

It's the one thing // I'd like to change about her.↘

重难点点拨

1）you name it 中的 you 通常弱读，此处强调，所以重读；

2）在 It's the one thing 中，it's 和 the 之间会出现相似音的连读，发更加容易发出的音。另外，当 it's 和 the 连在一起时，美国人通常会省略[ɪts]中的[ɪ]。

知识加油站

1）You name it. 你想得到的都有。/你可以列出来的都有。

2）I'd like to do sth = I would like to do sth 我想做某事

Unit 20 实战演练 20

听录音，写出你听到的内容

根据提示词，听录音，补充你听到的内容

- You know, ____ ____ ____ ____ ____ ____.
- But ____ ____ ____ ____ ____ ____ that concert?
- ____ ____ you mean?
- Well, you know, ____ both ____ ____ ____ going.
- You were ____ ____ ____ ____?
- I was ____ ____ ____ ____ ____.
- I hate to see the, ____ ____ ____ ____ ____.

跟读录音

- You know, I hate to bring this up.
  [jə] [noʊ] [aɪ] [heɪt] [tə] [brɪŋ] [ðɪs] [ʌp]
- But what are we gonna do about that concert?
  [bʌt] [wʌt] [ɑːr] [wi] ['gənə] [duː] [ə'baʊt] [ðæt] ['kɑːnsərt]
- What do you mean?
  [wʌt] [də] [jə] [miːn]
- Well, you know, we're both looking forward to going
  [wel] [jə] [noʊ] [wɪr] [boʊθ] ['lʊkɪŋ] ['fɔːrwərd] [tə] ['goʊɪŋ]

参考译文

- 你知道，我也不想提这件事。
- 但是演唱会怎么办？
- 什么意思？
- 哦，你知道，我俩都想去看。

- You were looking forward to going?
  [juː] [wər] ['lʊkɪŋ] ['fɔːrwərd] [tə] ['goʊɪŋ]
- 你们想去看？
- I was really looking forward to going.
  [aɪ] [wəz] ['riːəli] ['lʊkɪŋ] ['fɔːrwərd] [tə] ['goʊɪŋ]
- 我真的很想去看。
- I hate to see the, those tickets go to waste.
  [aɪ] [heɪt] [tə] [siː] [ðə] [ðoʊz] ['tɪkɪts] [goʊ] [tə] [weɪst]
- 我不想眼睁睁看着门票浪费了。

跟读提示

You konw, I hate to bring this up.↘

But what are we gonna do // about that concert?↘

What do you mean?↘

Well, you know, we're both looking forward to going.↘

You were looking forward to going?↘

I was really looking forward to going.↘

I hate to see the, those tickets go to waste.↘

重难点点拨

1）be looking forward to doing sth 是英语口语中很常见的一个表达，读的时候要养成习惯，将 forward to 读成 ['fɔːrwərtə]。

2）bring this，bring 中的 ing 出现了“g 的脱落”这一语音现象，发音为 [n]，变为了 brin'，此时，[n]后面是 this 中的[ð]，[ð]会直接贴在上齿龈后发出，听起来好像没有发音，因而 brin' 和 this 中的元音连读，实际发音是 ['brɪnɪs]；

3）此段中 going 多次出现，going 中的 ing 出现了“g 的脱落”这一语音现象，变为了 goin'；此外，单词内部出现了“元音 + 元音”式连读，实际发音是 ['goʊwɪn]。

知识加油站

1）bring up 提出；教育；养育

2）look forward to doing sth 期待做某事

Unit 21 实战演练 21

听录音，写出你听到的内容

根据提示词，听录音，补充你听到的内容

- ____ ____ ____ overstate ____, but my mom ____ ____ ____ ____ ____ ____ ____.
- Cam ____ ____ ____.
- She raised ____ ____, ____ ____ ____ ____ ____ ____ ____ ____.
- Well, that sounds like ____ ____ ____.
- And that song ____ ____ ____ "the greatest woman that ever lived".

跟读录音

- I don't wanna overstate this, but my mom is the greatest woman that ever lived.
  [aɪ] [doʊnt] ['wɑːnə] [ˌoʊvər'steɪt] [ðɪs] [bʌt] [maɪ] [mɑːm] [ɪz] [ðə] ['ɡreɪtɪst] ['wʊmən] [ðət] ['evər] [lɪvd]
- Cam loves his mom.
  [kæm] [lʌvz] [ɪz] [mɑːm]
- She raised 4 kids, 2 barns and a whole lot of hell.
  [ʃi] [reɪzd] [fɔːr] [kɪdz] [tuː] [bɑːrnz] [n] [ə] [hoʊl] [lɑːt] [ə] [hel]

参考译文

- 不是我自吹自擂，不过，我妈是世界上最棒的女人。
- 小卡爱死她妈了。
- 她一个人养四个娃、管理两个农场，还有很多其他乱七八糟的事情。

- Well, that sounds like a country song.
  [wel] [ðæt] [saʊndz] [laɪk] [ə] [ˈkʌntri] [sɔːŋ]
- 哦，听着像乡村歌曲似的。

- And that song would be called "the greatest woman that ever lived".
  [n] [ðæt] [sɔːŋ] [wəd] [bi] [kɔːld] [ðə] [ˈgretɪst] [ˈwʊmən] [ðət] [ˈevər] [lɪvd]
- 歌名就是《世界上最棒的女人》。

跟读提示

I don't wanna overstate this,↘ but my mom is the greatest woman // that ever lived.↘

Cam loves his mom.↘

She raised 4 kids↗, 2 barns↗ and a whole lot of hell.↘

Well, that sounds like a country song.↘

And that song would be called "the greatest woman that ever lived".↘

重难点点拨

1) Cam loves his mom. his 中的[h]击穿后与前面的 loves 形成"辅音+元音"式连读；
2) 4 kids, 2 barns and a whole lot of hell 中三者并列，升调表示话没说完，所以前面是升调，最后才是降调；
3) 注意语法词的弱读。

知识加油站

1) overstate [ˌoʊvərˈsteɪt] *v*. 夸张；夸大（CET6/TEM8）
   He tends to overstate his case when talking about politics. 他一谈政治便流于夸夸其谈。
2) barn [bɑːrn] *n*. 谷仓；畜棚；车库；农场（CET4/TEM4）
   A barn adjoins the farmhouse. 一座谷仓紧挨着农舍。

Unit 22 实战演练 22

听录音，写出你听到的内容

根据提示词，听录音，补充你听到的内容

- I ____ ____ ____. ____ swore ____ ____. Who ____ ____?
- Who ____ ____?
- ____ ____ girlfriend.
- I need ____ ____ ____ ____ ____ ____ ____ ____ ____ ____.
- I ____ ____ ____ ____ ____.
- ____ ____ ____, Dylan.
- I'm not. ____ ____ ____ ____.
- I saw ____ ____ ____ ____ ____ ____ ____ ____ with her ____ ____ on the chair.

跟读录音

- I got your texts. You swore a lot. Who is she?
  [aɪ] [gɑːt] [jər] [teksts] [jə] [swɔːr] [ə] [lɑːt] [huː] [ɪz] [ʃi]
- Who is who? [huː] [ɪz] [huː]
- Your new girlfriend. [jʊr] [nuː] ['gɜːrlfrend]
- I need her name and address so I can mess her up.
  [aɪ] [niːd] [ər] [neɪm] [ən] [ə'dres] [soʊ] [aɪ] [kən] [mes] [ər] [ʌp]
- I don't have a new girlfriend.
  [aɪ] [doʊnt] [hæv] [ə] [nuː] ['gɜːrlfrend]

参考译文

- 我收到你的短信了。你骂得可真狠。她是谁？
- 谁是谁？
- 你的新女朋友。
- 我要她的名字和地址，好去找她算账。
- 我没有新女友。

- Don't play dumb, Dylan.
  [doʊnt] [pleɪ] [dʌm] ['dɪlən]

- 不要装傻了，迪兰。

- I'm not. I'm never playing dumb.
  [aɪm] [nɑːt] [aɪm] ['nevər] ['pleɪɪŋ] [dʌm]

- 我没有，我从来不装傻。

- I saw you at that stupid restaurant sharing a sundae with her ugly sweatshirt on the chair.
  [aɪ] [sɔː] [juː] [æt] [ðæt] ['stuːpɪd] ['restərɑːnt] ['ʃerɪŋ] [ə] ['sʌndeɪ] [wɪð] [ər] ['ʌgli] ['swetʃɜːrt] [ɑːn] [ðə] [tʃer]

- 我在那家餐厅看到你了，你和一个穿着特别难看运动衫的女孩坐在椅子上一起吃同一个圣代冰淇淋。

跟读提示

I got your texts.↘ You swore a lot.↘ Who is she?↘
Who is who?↘
Your new girlfriend.↘
I need her name and address // so I can mess her up.↘
I don't have a new girlfriend.↘
Don't play dumb, Dylan.↘
I'm not.↘ I'm never playing dumb.↘
I saw you // at that stupid restaurant // sharing a sundae // with her ugly sweatshirt // on the chair.↘

重难点点拨

I need her name and address so I can mess her up. 此句语音现象多且难。两处 her 中的[h]均击穿，之后和前面的单词形成连读；address 有两种读音：[ə'dres]和['ædres]；and 弱读为 [ən]，name and address 这三个单词之间构成连读，读为 [neɪm] [ən] [ə'dres]。

知识加油站

1）swear [swer] *v*. 发誓；咒骂；肯定地说（过去式和过去分词为 swore）（CET4 /TEM4）
I swear I've told you all I know. 我发誓我已经把我所知道的都告诉你了。

2）mess up 弄乱；弄糟

Unit 23 实战演练 23

听录音，写出你听到的内容

根据提示词，听录音，补充你听到的内容

- What ____ ____ ____?
- He ____ ____ ____ ____ ____.
- He ____ ____ ____ ____ ____ ____.
- I mean, ____ ____ ____ ____ ____ ____ ____ ____ ____.
- Thinking ____ ____ ____ ____ ____ ____ ____ ____ ____.
- ____ ____ your dad ____ ____ ____ ____ maybe ____ ____ ____ ____ ____.

跟读录音

- What is going on?
  [wʌt] [ɪz] [ˈɡoʊɪŋ] [ɑːn]
- He needed someone to talk to.
  [hi] [ˈniːdɪd] [ˈsʌmwʌn] [tə] [tɔːk] [tuː]
- He took the break up pretty hard.
  [hi] [tʊk] [ðə] [breɪk] [ʌp] [ˈprɪti] [hɑːrd]
- I mean, I kept on hoping that we'd get back together.
  [aɪ] [miːn] [aɪ] [kept] [ɑːn] [hoʊpɪŋ] [ðət] [wɪd] [get] [bæk] [təˈgeðər]

参考译文

- 怎么回事？
- 他需要一个可以倾诉的人。
- 分手让他的心都快碎了。
- 我是说，我一直都希望我们能够重归于好。

- Thinking of you with someone else just drove me crazy.
  ['θɪŋkɪŋ] [əv] [juː] [wɪð] ['sʌmwʌn] [els] [dʒʌst] [droʊv] [mi] ['kreɪzi]

  一想到你跟别人在一起我都快疯了。

- But then your dad helped me figure out maybe it's best if we're apart.
  [bət] [ðen] [jər] [dæd] [helpt] [mi] ['fɪɡjər] [aʊt] ['meɪbi] [ɪts] [best] [ɪf] [wər] [ə'pɑːrt]

  但是你爸爸帮我认识到也许我们分开才是最好的选择。

跟读提示

What is going on?↘

He needed someone to talk to.↘

He took the break up pretty hard.↘

I mean，I kept on hoping that // we'd get back together.↘

Thinking of you with someone else // just drove me crazy.↘

But then your dad helped me figure out // maybe it's best if we're apart.↘

重难点点拨

1）在 Thinking of you with someone else 中，you 既可以强读也可以弱读，此处表示强调，故强读；

2）在 with someone 中，with 末尾的[ð]和 someone 开头的[s]为相似音，所以去掉前面的音而保留后面的音，实际发音为[wɪ]['sʌmwʌn]。

知识加油站

1）break up 分手

2）drive someone crazy 使某人发狂

3）figure out 解决；算出；想出

Unit 24 实战演练 24

听录音，写出你听到的内容

根据提示词，听录音，补充你听到的内容

- ____ ____ ____ ____ ____ awkward.
- ____ ____ ____ Tyler.
- I don't ____ ____ ____ ____ ____.
- She's ____ ____ ____ ____ ____ ____.
- ____ ____ ____ happen?
- I don't know. ____ ____ ____ ____.
- I know ____ ____.
- ____ ____ bite marks ____ ____ ____.
- Our daughter ____ ____ ____.

跟读录音

- This is a little bit awkward.
  [ðɪs] [ɪz] [ə] ['lɪtl] [bɪt] ['ɔːkwəd]
- But she bit Tyler.
  [bət] [ʃi] [bɪt] ['taɪlər]
- I don't even know what to say.
  [aɪ] [doʊnt] ['iːvn] [noʊ] [wʌt] [tə] [seɪ]
- She's never done anything like that before.
  [ʃiz] ['nevər] [dʌn] ['eniθɪŋ] [laɪk] [ðæt] [bɪ'fɔːr]

参考译文

- 说起来有点尴尬。
- 不过她咬了泰勒。
- 我甚至不知道该说什么。
- 她以前从没这么干过。

- How did it happen?
  [haʊ] [dɪd] [ɪt] [ˈhæpən]
- 到底是怎么回事?
- I don't know. I didn't see it.
  [aɪ] [doʊnt] [noʊ] [aɪ] [ˈdɪdnt] [siː] [ɪt]
- 我也不知道，我没看见。
- I know it happened.
  [aɪ] [noʊ] [ɪt] [ˈhæpənd]
- 但我知道有这么回事。
- He's got bite marks on his arm.
  [hiz] [ɡɑːt] [baɪt] [mɑːrks] [ɑːn] [hɪz] [ɑːrm]
- 他的胳膊上有牙印。
- Our daughter didn't do that.
  [aʊr] [ˈdɔːtər] [ˈdɪdnt] [duː] [ðæt]
- 才不是我家闺女干的呢。

跟读提示

This is a little bit awkward.↘
But she bit Tyler.↘
I don't even know what to say.↘
She's never done anything like that before.↘
How did it happen?↘
I don't know.↘ I didn't see it.↘
I know // it happened.↘
He's got bite marks // on his arm.
Our daughter didn't do that.↘

重难点点拨

1）在 bit Tyler 中，为了突出强调 bit，没有将词尾的[t]失去爆破；
2）on his arm 中的[h]没有击穿。注意：这种情形下的击穿也是很常见的，两种发音方式大家都需要听懂。

知识加油站

1）awkward [ˈɔːkwərd] *adj*. 尴尬的
2）bite mark 牙印

Unit 25 实战演练 25

听录音，写出你听到的内容

根据提示词，听录音，补充你听到的内容

- Hey, ____ ____ ____ spot.
- ____ ____ let ____ snake ____ spot?
- ____ ____ ____.
- Boys, ____ ____ ____ ____ you ____ ____ ____ ____ being a man.
- Never ____ ____ ____ ____ ____ ____, unless it's just a parking spot.
  ____ ____ ____ ____ others.

跟读录音

- Hey, that was our spot.
  [heɪ] [ðæt] [wəz] [aʊr] [spɑːt]
- You're gonna let him snake your spot?
  [jər] ['gɔːnə] [let] [ɪm] [sneɪk] [jər] [spɑːt]
- Not worth it. [nɑːt] [wɜːrθ] [ɪt]
- Boys, here's the only thing you got to know about being a man.
  [bɔɪz] [hɪrz] [ðiː] ['oʊnli] [θɪŋ] [jə] [gɑːt] [tə] [noʊ] [ə'baʊt] ['biːɪŋ] [ə] [mæn]

参考译文

- 喂，那是我们的车位。
- 你就这么把车位拱手让人了吗？
- 没什么大不了的。
- 孩子们，要想当男子汉，你们只用记住一件事。

- Never let someone take what is yours, unless it's just a parking spot. And there's plenty of others.
  ['nevər] [let] ['sʌmwʌn] [teɪk] [wʌt] [ɪz] [jʊrz] [ən'les] [ɪts] [dʒʌst] [ə] ['pɑːrkɪŋ] [spɑːt] [n] [ðerz] ['plenti] [əv] ['ʌðərz]

- 永远不能让别人抢走你的东西，除非那只是一个车位，而且有足够的其他车位。

跟读提示

Hey, that was **our spot.**↘

You're **gonna let** him **snake** your **spot?**↗

Not worth it.↘

Boys, here's the only thing you **got** to **know about being** a **man.**↘

Never let someone take what is yours,↘

unless it's just a **parking spot.**↘ And **there's plenty** of **others.**↘

重难点点拨

1）在 here's the only thing 中，here's 和 the 之间出现了相似音的连读，发更加容易发出的音。此处发[ð]时舌头不必伸出来；

2）got to = gotta 为日常口语中的非正式缩读形式，不能用于阅读和写作中。常见的非正式缩读还有：

have to = hafta	has to = hasta
want to = wanna	going to = gonna
out of = outta	kind of = kinda
because = cause = cuz	give me = gimme

知识加油站

1）snake [sneɪk] *v.* 迂回前进 *n.* 蛇（CET4 /TEM4）

2）plenty of 大量；很多；许多

Plenty of stores stay open late. 许多商店都营业到很晚。

Unit 26 实战演练 26

听录音，写出你听到的内容

根据提示词，听录音，补充你听到的内容

- ____ ____ ____ ____ ____ Barb, she has ____ ____ ____ ____, ____ ____.
- Oh, ____ ____ ____ these shoulders.
- If ____ ____ ____ ____, ____ ____ ____ inappropriate ____ ____ ____ ____ ____ ____ ____.
- Hey, Barb, ____ ____ ____ the cranberries ____ ____ ____ ____ ____.

跟读录音

- From the minute I met Barb, she has been open and loving, and caring.
  [frəm] [ðə] [ˈmɪnɪt] [aɪ] [met] [bɑːrb] [ʃi] [hæz] [bɪn] [ˈoʊpən] [n] [ˈlʌvɪŋ] [n] [ˈkerɪŋ]
- Oh, I have missed these shoulders.
  [oʊ] [aɪ] [əv] [mɪst] [ðiːz] [ˈʃoʊldərz]
- If I had one complaint, and I do, it's the inappropriate putting of her hands on my body.
  [ɪf] [aɪ] [hæd] [wʌn] [kəmˈpleɪnt] [ænd] [aɪ] [duː] [ɪts] [ðiː] [ˌɪnəˈproʊpriət] [ˈpʊtɪŋ] [əv] [ər] [hændz] [ɑːn] [maɪ] [ˈbɑːdi]
- Hey, Barb, I got you the cranberries you wanted for the stuffing.
  [heɪ] [bɑːrb] [aɪ] [gɑːt] [jə] [ðə] [ˈkrænberiz] [jə] [ˈwɑːntɪd] [fər] [ðə] [ˈstʌfɪŋ]

参考译文

- 从我第一次见到巴布时，她就一直开明、热情并且体贴。
- 我想死这对小肩膀了。
- 我要是有任何意见的话，还真有一个。那就是，她老是对我动手动脚。
- 嘿，巴布，我买了你做馅要用的小红莓。

跟读提示

From the minute I met Barb, ↘ she has been open and loving,
and caring. ↘
Oh, I have missed these shoulders. ↘
If I had one complaint, ↗ and I do, ↗
it's the inappropriate putting of her hands on my body. ↘
Hey, Barb, ↗ I got you the cranberries you wanted
for the stuffing. ↘

重难点点拨

1）在 she has been open 中，为了强调句意，has 强读为[hæz]；

2）在 I have missed these shoulders 中，have 弱化后[h]击穿，和前面的 I 形成“元音＋元音”式连读；

3）在 I got you the cranberries you wanted for the stuffing 中，got you 出现了音变，即[t]＋[j]→[tʃ]，因而 got you 的实际发音为[ˈɡɑːtʃə]；wanted 单词内部出现了“[nt]＋元音”组合，故[t]可吞音。

知识加油站

appropriate [əˈproʊpriət] *adj*. 合适的（CET4 /TEM4）

inappropriate [ˌɪnəˈproʊpriət] *adj*. 不合适的；不适当的

Unit 27 实战演练 27

听录音，写出你听到的内容

根据提示词，听录音，补充你听到的内容

- OK. I don't ____ ____. ____ ____ ____ ____?
- Lily, ____ ____ ____ ____?
- She's ____ ____. She's ____.
- ____ people.
- All right, if she starts ____ ____ ____ ____, ____ ____ ____ ____ pariah.
- I'm ____ ____ ____ ____.
- I'm ____ ____ ____ ____ ____. Don't ____ ____ ____ ____.
- I'm ____ ____ ____ batteries.

跟读录音

- OK. I don't get it. Why is she biting?
  [ˌoʊˈkeɪ] [aɪ] [doʊnt] [get] [ɪt] [waɪ] [ɪs] [ʃi] [ˈbaɪtɪŋ]
- Lily, why are you biting?
  [ˈlɪli] [waɪ] [ər] [jə] [ˈbaɪtɪŋ]
- She's not biting. She's teething.
  [ʃiz] [nɑːt] [ˈbaɪtɪŋ] [ʃiz] [ˈtiːðɪŋ]
- On people. [ɑːn] [ˈpiːpl]
- I'm gonna bite your feet.
  [aɪm] [ˈgənə] [baɪt] [jər] [fiːt]

参考译文

- 好吧。我还是不懂。她为什么咬人？
- 莉莉，你为什么咬人？
- 她才不是在咬人，她是在磨牙。
- 在人身上磨牙。
- 我要咬你的脚。

- I'm gonna bite them right off.
  [aɪm] ['gənə] [baɪt] [əm] [raɪt] [ɑːf]
- Don't bite my head off.
  [doʊnt] [baɪt] [maɪ] [hed] [ɑːf]
- I'm not pack of batteries.
  [aɪm] [nɑːt] [pæk] [ə] ['bætəriz]

- 我要把它们咬掉。
- 别把我的头咬掉了。
- 我可不是电池。

跟读提示

OK. I don't get it.↘ Why is she biting?↘
Lily, why are you biting?↘
She's not biting.↗ She's teething.↘
On people.↘
I'm gonna bite your feet.↘
I'm gonna bite them right off.↘
Don't bite my head off.↘
I'm not a pack of batteries.↘

重难点点拨

1）Why is she biting? is 中的 s 本来发浊辅音 [z]，因为后面接 she，而 she 以清辅音 [ʃ] 开头，所以会出现逆向同化，is 在此处的发音为 [ɪs]；

2）"of 的发音"总结：

of 的发音	类型	示例	读法
强读：[ʌv] 弱读：[əv]	of + 清辅音	out of here	[aʊt] [əf] [hɪr] [aʊt] [ə] [hɪr]
	of + 浊辅音	out of there	[aʊt] [əv] [ðer] [aʊt] [ə] [ðer]
	of + 元音	both of us	[boʊθ] [əv] [ʌs]

知识加油站

1）pariah [pə'raɪə] *n*. 贱民，被社会遗弃者

2）right off 立刻；马上

As it's getting very late, all of you go right off to bed at once.

现在很晚了，你们所有人马上去睡觉。

Unit 28 实战演练 28

听录音，写出你听到的内容

根据提示词，听录音，补充你听到的内容

- ____ ____ miracle ____.
- ____ ____ ____ ____ ____ ____ ____ ____ ____ ____ ____ ____ —Amelias.
- ____ ____ ____ ____ ____.
- ____ ____ ____ ____ ____ 5:15.
- ____ ____ ____, 80?
- ____ 10:45?
- ____ ____ ____, 20?

跟读录音

- Then a miracle happened.
  [ðen] [ə] [ˈmɪrəkl] [ˈhæpənd]
- The hottest new restaurant in the city opened up two blocks away—Amelia's.
  [ðə] [hɑːtɪst] [nuː] [ˈrestərɑːnt] [ɪn] [ðə] [ˈsɪti] [ˈoʊpənd] [ʌp] [tuː] [blɑːks] [əˈweɪ] [əˈmiːljəz]
- But there was a problem.
  [bʌt] [ðer] [wəz] [ə] [ˈprɑːbləm]
- They can take us at 5:15.
  [ðeɪ] [kən] [teɪk] [əs] [ət] [faɪv] [ˌfɪfˈtiːn]
- What are we, 80? [wʌt] [ər] [wi] [ˈeɪti]
- Or 10:45? [ɔːr] [ten] [ˈfɔːrti] [faɪv]

参考译文

- 然后奇迹发生了。
- 城里最火的新餐厅——阿米莉亚餐厅在两个街区外开张了。
- 但是有一个问题。
- 他们可以在5点15分接待我们。
- 我们是80岁吗？
- 或者安排在10点45分？

- What are we, 20?
  [wʌt] [ər] [wi] ['twenti]

- 我们是 20 岁吗?

跟读提示

Then a miracle happened.↘
The hottest new restaurant in the city opened up two blocks away — Amelia's.↘
But there was a problem.↘
They can take us at 5:15.↗
What are we, 80?↗
Or 10:45?↘
What are we, 20?↗

重难点点拨

but 为连接词，通常会弱读为[bət]，但是有时说话者想强调“转折”的含义，因而会强读为[bʌt]。

知识加油站

1) miracle ['mɪrəkl] *n*. 奇迹（高中/CET4/CET6/考研/GRE/TOEFL/IELTS）

   It is a miracle no one was killed. 没有人死亡，真是奇迹。

2) block [blɑːk] *n*. 街区，大楼，障碍物（高中/CET4/CET6/考研/TOEFL/IELTS）

   a white-painted apartment block 一幢漆成白色的公寓楼

Unit 29 实战演练 29

听录音，写出你听到的内容

根据提示词，听录音，补充你听到的内容

- ____ ____ ____ ____.
- ____ ____ ____ ____ ____ ____ ____ Lily's Preschool ____ ____ ____ ____ Amelia ____.
- ____ ____ ____ ____ ____ ____ ____ ____ ____, Jackson.
- ____ ____ ____, ____ ____, ____ Amelia.
- ____ ____ ____ ____ ____ ____ to sparkle, sweetie.
- Oh, ____ ____ sparkle ____ ____ ____ ____ ____ ____.

跟读录音

- Then miracle number 2.
  [ðen] [ˈmɪrəkl] [ˈnʌmbər] [tuː]
- Turns out one of the mothers at Lily's preschool is none other than Amelia herself.
  [tɜːrnz] [aʊt] [wʌn] [əv] [ðə] [ˈmʌðərz] [ət] [ˈlɪliz] [ˈpriːskuːl] [ɪz] [nʌn] [ˈʌðər] [ðən] [əˈmiːljə] [hɜːrˈself]
- So we arranged a play date with her son, Jackson.
  [soʊ] [wi] [əˈreɪndʒd] [ə] [pleɪ] [deɪt] [wɪð] [ər] [sʌn] [ˈdʒæksn]
- Where we would, you know, charm Amelia.
  [wer] [wi] [wəd] [jə] [noʊ] [tʃɑːrm] [əˈmiːljə]
- So I'm really gonna need you to sparkle, sweetie.
  [soʊ] [aɪm] [ˈriːəli] [ˈɡənə] [niːd] [jə] [tə] [ˈspɑːrkl] [ˈswiːti]

参考译文

- 然后第二个奇迹发生了。
- 莉莉幼儿园的一个妈妈就是阿米莉亚本人。
- 所以我们约好和她的儿子杰克逊一起玩。
- 你知道，借机来取悦阿米莉亚。
- 所以你得表现出耀眼的一面，甜心。

- Oh, I'm gonna sparkle like it's the fourth of July.
  [oʊ] [aɪm] ['gənə] ['spɑːrkl] [laɪk] [ɪts] [ðə] [fɔːrθ] [ə] [dʒʊ'laɪ]

- 哦，我会像国庆日* 那天的焰火一样耀眼。

跟读提示

Then miracle number 2.↘
Turns out // one of the mothers at Lily's preschool //
is none other than Amelia herself.↘
So we arranged a play date with her son, Jackson.↘
Where we would, you know, charm Amelia.↘
So I'm really gonna need you to sparkle, sweetie.↘
Oh, I'm gonna sparkle like it's the fourth of July.↘

重难点点拨

1）none other than 意为“不是别的，正是”，该表达在日常口语中很常见。none other 可以构成“辅音＋元音”式连读，听起来像 nother，大家平时读的时候如果不注意连读，考试时就特别容易写成 another，这点需要特别留意；

2）在 like it's the fourth of July 中，it's 和 the 之间会出现相似音的连读，听不到 th 发出的咬舌音[ð]。

知识加油站

1）turn out 原来，结果是

The party turned out to be a huge disappointment. 这次聚会结果令人大失所望。

It turns out that she had known him when they were children. 原来他们还是孩子的时候她就认识他了。

2）arrange [ə'reɪndʒ] v. 安排（高中 /CET4 /CET6 /考研 /TOEFL /IELTS）

arrange my work 安排我的工作

arrange a meeting 安排一场会议

3）sparkle ['spɑːrkl] v. 闪耀，发光；活跃（CET4 /CET6 /考研 /IELTS）

---

*7 月 4 日为美国国庆日。

Unit 30 实战演练 30

听录音，写出你听到的内容

根据提示词，听录音，补充你听到的内容

- Mitchell, ____ ____ ____ ____ ____ ____.
- ____ ____ ____ perfect plan.
- ____ ____ rug, ____ ____ ____ ____ ____ ____ ____ ____.
- ____ ____ ____ do it.
- ____ ____ ____.
- ____ ____ certain moments ____ ____ ____ ____ ____.
- ____ ____ ____ ____ ____ ____ moments.

跟读录音

- Mitchell, we need to make a decision.
  [ˈmɪtʃəl] [wi] [niːd] [tə] [meɪk] [ə] [dɪˈsɪʒn]
- It was the perfect plan.
  [ɪt] [wəz] [ðə] [ˈpɜːrfɪkt] [plæn]
- Turn the rug, and she wouldn't find the stain for years.
  [tɜːrn] [ðə] [rʌg] [ən] [ʃi] [ˈwʊdnt] [faɪnd] [ðə] [steɪn] [fər] [jɪrz]
- But we couldn't do it.
  [bət] [wi] [ˈkʊdnt] [duː] [ɪt]
- We're too honest.
  [wər] [tuː] [ˈɑːnɪst]

参考译文

- 米切尔，我们得做个决定。
- 这是个完美的计划。
- 把地毯翻过来，她很长时间都找不到污渍。
- 但我们做不到。
- 我们太诚实了。

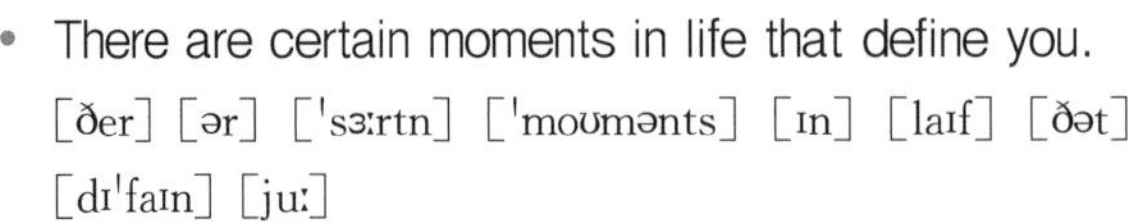

- There are certain moments in life that define you.
  [ðer] [ər] ['sɜːrtn] ['moʊmənts] [ɪn] [laɪf] [ðət] [dɪ'faɪn] [juː]
- 生命中有一些特定的时刻可以定义你。
- And this is one of those moments.
  [n] [ðɪs] [ɪz] [wʌn] [ə] [ðoʊz] ['moʊmənts]
- 这就是其中的一个时刻。

跟读提示

Mitchell, we need to make a decision.↘
It was the perfect plan.↘
Turn the rug,↘
and she wouldn't find the stain for years.↘
But we couldn't do it.↘
We're too honest.↘
There are certain moments in life that define you.↘
And this is one of those moments.↘

重难点点拨

在 she wouldn't find the stain for years 中，单词 years 为 year 的复数形式，-s 的发音规则是：清对清，浊对浊，因此词尾-s 发浊辅音[z]。此处，years 出现在句子的末尾，句末的音不管是清辅音还是浊辅音，都需要将气流和声音减弱，以达到省力的原则，所以[z]听起来像[s]。

知识加油站

1）decision [dɪ'sɪʒn] *n*. 决定（高中 /CET4 /CET6）
She has had to make some very difficult decisions. 她得做出一些艰难的决定。

2）stain [steɪn] *n*. 污点；瑕疵（高中 /CET4 /CET6 /考研 /GRE /TOEFL /IELTS）
I can't remove the stain from my dress. 我无法去掉裙子上的污渍。

3）define [dɪ'faɪn] *v*. 定义（高中 /CET4 /CET6）

Unit 31 实战演练 31

听录音，写出你听到的内容

根据提示词，听录音，补充你听到的内容

- ____ ____ ____ ____ Mitchell.
- ____ ____ ____ ____ number.
- ____ ____ ____ voicemail.
- Of course ____ ____.
- ____ ____ ____ ____ ____ ____ ____.
- ____ ____ ____. ____ redial.

跟读录音

- Get me your uncle Mitchell.
  [get] [mi] [jər] ['ʌŋkl] ['mɪtʃəl]
- I don't know his number.
  [aɪ] [doʊnt] [noʊ] [ɪz] ['nʌmbər]
- It went to voicemail.
  [ɪt] [went] [tə] ['vɔɪsmeɪl]
- Of course it did. Keep trying him until you get him.
  [əv] [kɔːrs] [ɪt] [dɪd] [kiːp] ['traɪɪŋ] [hɪm] [ən'tɪl] [jə] [get] [ɪm]
- It's one button. Just redial.
  [ɪts] [wʌn] ['bʌtn] [dʒʌst] ['riːdaɪəl]

参考译文

- 打给你的米切尔叔叔。
- 我不知道他的电话号码。
- 转到语音信箱了。
- 当然了。在找到他之前继续联系他。
- 这是一个按钮。重拨就行了。

跟读提示

Get me your uncle Mitchell.↘
I don't know his number.↘
It went to voicemail.↘
Of course it did.↘ Keep trying him until you get him.↘
It's one button.↘ Just redial.↘

重难点点拨

1）在 know his 和 get him 中，字母 h 的发音[h]皆击穿，继而连读；

2）美国人读 button 的时候会把[t]吞掉。事实上，在美式英语中，遇到[tn]时，[t]都可以吞音*。例如：

cotton ['kɑːtn] 棉花	certain ['sɜːrtn] 肯定的
written ['rɪtn] 写	forgotten [fər'gɑːtn] 忘记
beaten ['biːtn] 打败	mountain ['maʊntn] 高山
Britain ['brɪtn] 英国	important [ɪm'pɔːrtnt] 重要的

知识加油站

1）voicemail ['vɔɪsmeɪl] *n*. 语音信箱

How about your office voicemail? 你的工作语音信箱呢？

2）redial ['riːdaɪəl] *v*. 重拨；按重拨键

The line is busy. Please redial later. 电话线路忙。请稍后再拨。

* cotton，mitten，mountain 之类的单词，不同的词典中可能会将最后一个音节标注为[tn]或[tən]。这两种标注方法都是正确的，因为发完[t]后，再去发[n]，舌头会从平放变动到上齿龈后面，自然而然地产生[ə]音，所以是否标注出[ə]并不重要，因为不管是否标注出[ə]，最后发出的音都是相同的。

Unit 32 实战演练 32

听录音，写出你听到的内容

根据提示词，听录音，补充你听到的内容

- ____ ____ handle ____ ____ ____ ____ ____ ____.
- ____ ____ ____ ____ ____ choice.
- So when they ____ ____, ____ ____ ____ ____ ____ ____ ____ ____ ____.
- Yeah, it's easy. ____ ____ ____ school.

跟读录音

- I can't handle a big family talk about this.
  [aɪ] [kænt] ['hændl] [ə] [bɪg] ['fæməli] [tɔːk] [ə'baʊt] [ðɪs]
- We're not gonna have a choice.
  [wɪr] [nɑːt] ['gənə] [hæv] [ə] [tʃɔɪs]
- So when they start talking, just smile and nod and think about something else.
  [soʊ] [wen] [ðeɪ] [stɑːrt] ['tɔːkɪŋ] [dʒʌst] [smaɪl] [ən] [nɑːd] [ən] [θɪŋk] [ə'baʊt] ['sʌmθɪŋ] [els]
- Yeah, it's easy. Just like at school.
  [jeə] [ɪts] ['iːzi] [dʒʌst] [laɪk] [ət] [skuːl]

参考译文

- 我没法应付一大家子人谈论这个。
- 我们别无选择。
- 所以当他们开始交谈时，只用微笑和点头，然后想点别的事情。
- 是的，很容易，就像在学校里一样。

跟读提示

I can't handle a big family talk about this. ↘

We're not gonna have a choice. ↘

So when they start talking, ↗ just smile and nod and // think about something else. ↘

Yeah, it's easy. ↘ Just like at school. ↘

重难点点拨

1）So when they start talking 是时间状语从句，话还没有说完，后面还有主句，所以读升调；

2）在 just smile and nod and think about something else 中有两个 and，由于 and 前面的单词均以辅音结尾，所以两个 and 都弱读为[ən]，以便于形成“辅音＋元音”式连读。

知识加油站

handle [ˈhændl] *v*. 应付 *n*. 把手（高中 /CET4 /CET6 /考研 /GRE /IELTS）

I thought he handled the situation very well. 我认为他把情况处理得很好。

a door handle 门把手

Unit 33 实战演练 33

听录音，写出你听到的内容

根据提示词，听录音，补充你听到的内容

- ____ ____ ____ ____ ____ ____ for tonight?
- So far ____ ____, ____, ____ ____ ____.
- ____, Mitchell, ____ ____ ____ ____.
- Cam, ____ ____ ____.
- ____ ____ ____ ____. ____ ____ ____ big donation.

跟读录音

- You wanna hear the guest list for tonight?
  [jə] [ˈwɑːnə] [hɪr] [ðə] [gest] [lɪst] [fər] [təˈnaɪt]
- So far it's anger, betrayal, terror and sadness.
  [soʊ] [fɑːr] [ɪts] [ˈæŋgər] [bɪˈtreɪəl] [ˈterər] [æn] [ˈsædnəs]
- Congratulations, Mitchell, you packed the house.
  [kənˌgrætʃuˈleɪʃnz] [ˈmɪtʃəl] [jə] [pækt] [ðə] [haʊs]
- Cam, I'm so sorry. [kæm] [aɪm] [soʊ] [ˈsɑːri]
- I'm gonna fix it. I'll make a big donation.
  [aɪm] [ˈgənə] [fɪks] [ɪt] [əl] [meɪk] [ə] [bɪg] [doʊˈneɪʃn]

参考译文

- 你想听听今晚的嘉宾名单吗？
- 到目前为止，只有愤怒、背叛、恐惧和悲伤。
- 恭喜你，米切尔，你把屋子都塞满了。
- 小卡，我很抱歉。
- 我会修好它的。我会捐一大笔钱。

跟读提示

You wanna hear the guest list for tonight?↗

So far it's anger，betrayal，terror and sadness.↘

Congratulations，Mitchell，you packed the house.↘

Cam，I'm so sorry.↘

I'm gonna fix it. I'll make a big donation.↘

重难点点拨

1）and 有四种读音：[ənd]，[ən]，[n]和[ænd]。通常语速较慢时读作[ænd]，如果后面接的是辅音，则[d]会失去爆破，变成[æn]；当语速较快时，如果前面的单词以一个辅音结尾，一般读成[ən]，方便形成“辅音＋元音”式连读；如果 and 用于连接两个分句，此时位于第二个并列分句的 and 直接读成最简单的[n]；

2）terror and sadness，通常情况下，terror 和 and 之间可以形成“辅音＋元音”式连读。此音频中，说话人为了表达自己的愤怒，把 anger，betrayal，terror，sadness 这四个单词都说得很清晰、很重，所以没有连读；

3）gonna 为 going to 的非正式缩读形式。I'm gonna＝I'm going to；he's gonna＝he's going to；she's gonna＝she's going to；it's gonna＝it's going to；you're gonna＝you're going to；they're gonna＝they're going to.

需要特别注意的是，在美式口语中，I'm gonna 中的 gonna 经常出现“g 的脱落”，进而与前面的 I'm 形成“辅音＋元音”式连读，因而，I'm gonna 的实际发音就变成了[ˈaɪmənə]。

提醒：只有 I'm gonna 中的 g 可以脱落后形成连读，其他情况下不可以。

知识加油站

1）anger [ˈæŋgər] *n*. 生气（高中 /CET4 /CET6）

angry [ˈæŋgri] *adj*. 生气的

2）betrayal [bɪˈtreɪəl] *n*. 背叛

betray [bɪˈtreɪ] *v*. 背叛（高中 /CET4 /CET6 /考研 /GRE /TOEFL /IELTS）

You betrayed me. 你背叛了我。

3）sadness [ˈsædnəs] *n*. 悲伤

sad *adj*. 悲伤的（高中 /CET4 /CET6）

4）terror [ˈterər] *n*. 恐惧（高中 /CET4 /CET6 /考研 /IELTS）

5）donation [doʊˈneɪʃn] *n*. 捐赠（CET4 /CET6 /TOEFL /IELTS）

Unit 34 实战演练 34

听录音，写出你听到的内容

根据提示词，听录音，补充你听到的内容

- ____ ____ ____ ____ ____ ____ ____ ____ ____ the steering committee.
- ____ Andrew ____ ____ ____, ____ ____ ____ ____ ____ ____ ____ ____…
- ____ ____ ____ ____ ____ ____ ____ archenemy.
- ____ ____ ____ made-up thing.
- ____ ____.

跟读录音

- That's not gonna keep them from kicking me off the steering committee.
  [ðæts] [nɑːt] [ˈɡənə] [kiːp] [ðəm] [frəm] [ˈkɪkɪŋ] [mi] [ɑːf] [ðə] [ˈstɪrɪŋ] [kəˈmɪti]
- When Andrew walks in here, and sees a room full of empty chairs…
  [wen] [ˈændruː] [wɔːks] [ɪn] [hɪr] [n] [siːz] [ə] [ruːm] [fʊl] [əv] [ˈempti] [tʃerz]
- You know he is not really your archenemy.
  [jə] [noʊ] [hi] [ɪz] [nɑːt] [ˈriːəli] [jər] [ˌɑːrtʃˈenəmi]
- That's sort of made-up thing.
  [ðæts] [sɔːrt] [əv] [meɪd] [ʌp] [θɪŋ]
- Fix it. [fɪks] [ɪt]

参考译文

- 那不能阻止他们把我踢出指导委员会。
- 当安德鲁走进这里，看到满屋子的空椅子时……
- 你知道他不是你的宿敌。
- 那是编造出来的。
- 解决它。

跟读提示

That's not gonna keep them from kicking me off the steering committee.↘

When Andrew walks in here, ↗ and sees a room // full of empty chairs... ↗

You know // he is not really your archenemy.↘

That's sort of made-up thing.↘

Fix it.↘

重难点点拨

1）在 keep them 中，them 弱读为[ðəm]，keep 以爆破音[p]结尾，后面紧接辅音，因而[p]失去爆破。在日常口语中，them 也经常读为[əm]，此时可以和 keep 形成“辅音 + 元音”式连读，实际发音为 [ˈkiːpəm]；

2）在 full of 和 sort of 中，of 除了可以弱读为[əv]，还可以进一步弱读为[ə]。

知识加油站

1）steering committee 指导委员会（CET4 /CET6 /考研 /GRE /TOEFL /IELTS）

steer [stɪr] v. 指导，控制

steering wheel 方向盘

2）archenemy [ˌɑːrtʃˈenəmi] n. 死对头

arch-为形容词前缀，意为“主要的”（高中 /CET6 /考研 /GRE /IELTS）

enemy [ˈenəmi] n. 敌人（高中 /CET4 /CET6）

Unit 35 实战演练 35

听录音，写出你听到的内容

根据提示词，听录音，补充你听到的内容

- Actually, ____ ____. ____ ____ ____.
- ____ ____ ____ ____ ____ reservations.
- Yeah, ____ ____. ____ ____.
- Honey, ____ ____ ____ ____ ____ ____ ____ ____?
- ____ ____ ____ ____ iced tea.
- ____ ____
- ____ ____ ____ mango-kiwi smoothie, yogurt ____ ____ ice cream, ____ ____ ____ low-fat.

跟读录音

- Actually, bad news. We're totally booked.
  ['æktʃuəli] [bæd] [nuːz] [wər] ['toʊtəli] [bʊkt]
- We have a ton of reservations.
  [wi] [hæv] [eɪ] [tʌn] [əv] [ˌrezər'veɪʃnz]
- Yeah, one's ours. I called.
  [jeə] [wʌnz] [aʊərz] [aɪ] [kɔːld]
- Honey, would you mind getting us a couple drinks?
  ['hʌni] [wʊd] [juː] [maɪnd] ['getɪŋ] [ʌs] [ə] ['kʌpl] [drɪŋks]
- I would love an iced tea.
  [aɪ] [wəd] [lʌv] [ən] [aɪst] [tiː]
- Same please. [seɪm] [pliːz]

参考译文

- 实际上，坏消息。我们已经预订满了。
- 我们有大量的预约。
- 是的，有一个是我们的。我打电话了。
- 亲爱的，能给我们拿几杯饮料吗？
- 我想要一杯冰茶。
- 我也要一杯。

- I'll have a mango-kiwi smoothie, yogurt instead of ice cream, and make it low-fat.
[aɪl] [hæv] [ə] [ˈmæŋgoʊ] [ˈkiːwiː] [ˈsmuːði] [ˈjoʊgərt] [ɪnˈsted] [əv] [aɪs] [kriːm] [ən] [meɪk] [ɪt] [loʊ] [fæt]

- 我要一杯芒果猕猴桃奶昔。酸奶，不要冰淇淋，我要低脂的。

跟读提示

Actually, bad news.↘ We're totally booked.↘
We have a ton of reservations.↘
Yeah,↗ one's ours.↘ I called.↘
Honey,↗ would you mind getting us a couple drinks?↘
I would love an iced tea.↘
Same please.↘
I'll have a mango-kiwi smoothie,↗
yogurt intead of ice cream, and make it low-fat.↘

重难点点拨

1）We have a ton of reservations 中的 have 为实义动词，表示强调，重读；为了强调句意，a 强读为[eɪ]。通常情况下，have a 会形成“辅音 + 元音”式连读，ton of 之间也会出现“辅音 + 元音”式连读。此处，说话人在想办法撒谎，说话时支支吾吾，语速很慢，因此没有连读；
2）当 and 连接并列分句时，通常读作[n]。当 and 连接分句时，一般前一分句说完，会略作停顿再说下一个分句。但是，此音频中说话人的语速非常快，把 and 读成了[ən]，和前面的 cream 形成了“辅音 + 元音”式连读。

知识加油站

1）book [bʊk] *v*. 预订（高中 /CET4 /CET6 /考研 /IELTS）
He booked a double room. 他预订了一个双人间。
They booked a jazz band for their wedding. 他们为婚礼预订了一支爵士乐队。
2）reservation [ˌrezərˈveɪʃn] *n*. 预订（高中 /CET4 /CET6）
Do you have a reservation? 您有预订吗?
I have a reservation at 7:30 p. m. 我预订晚上七点半的。
reserve [rɪˈzɜːrv] *v*. 预订；保留

Unit 36 实战演练 36

听录音，写出你听到的内容

根据提示词，听录音，补充你听到的内容

- ____ ____ ____ ____ mistake.
- ____ ____ ____ ____ ____ ____ ____ ____ paperwork.
- _____ _____ _____ mistakes _____ _____. _____ _____ mistakes _____ _____.
- ____ ____ ____ ____ purpose.
- ____?
- ____ ____ ____ ____ ____ ____ ____ ____ ____ top billing.

跟读录音

- This is obviously a mistake.
  [ðɪs] [ɪz] [ˈɑːbviəsli] [ə] [mɪˈsteɪk]
- But you're the one who filled out this paperwork.
  [bət] [jər] [ðə] [wʌn] [huː] [fɪld] [aʊt] [ðɪs] [ˈpeɪpərwɜːrk]
- You don't make mistakes like this. You correct mistakes like this.
  [juː] [doʊnt] [meɪk] [mɪˈsteɪks] [laɪk] [ðɪs] [juː] [kəˈrekt] [mɪˈsteɪks] [laɪk] [ðɪs]
- You did this on purpose.
  [juː] [dɪd] [ðɪs] [ɑːn] [ˈpɜːrpəs]
- What? [wʌt]

参考译文

- 这显然是个错误。
- 但这份文件是你填写的。
- 你不会犯这种错误的。你会纠正这样的错误。
- 你是故意的。
- 什么？

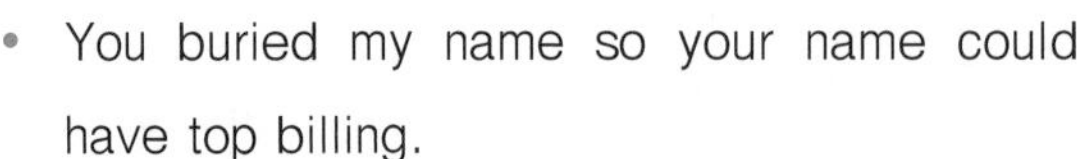

- You buried my name so your name could have top billing.
  [juː] [ˈberɪd] [maɪ] [neɪm] [soʊ] [jər] [neɪm] [kəd] [hæv] [tɑːp] [ˈbɪlɪŋ]

- 你把我的名字藏起来，好让你的名字占据榜首。

跟读提示

This is obviously a mistake.↘
But you're the one who filled out this paperwork.↘
You don't make mistakes like this.↘
You correct mistakes like this.↘
You did this on purpose.↘
What?↗
You buried my name so your name could have top billing.↘

重难点点拨

在 You correct 中，为了强调句意，correct 强读，词尾[t]未失去爆破。

知识加油站

obviously [ˈɑːbviəsli] *adv*. 显然地

obvious [ˈɑːbviəs] *adj*. 明显的（高中 /CET4 /CET6 /考研 /GRE /IELTS）

They're obviously not coming. 他们显然不会来了。

Unit 37 实战演练 37

听录音，写出你听到的内容

根据提示词，听录音，补充你听到的内容

- ____ ____ Jacob's ____ ____ ____ ____.
- ____ ____ ____ ____ ____ ____ ____ house.
- ____ ____ ____ last week.
- That ____.
- ____ get ____ ____ ____.
- ____ ____ ____ friends' parents ____ ____.

跟读录音

- My friend Jacob's parents are getting divorced.
  [maɪ] [frend] ['dʒeɪkəbz] ['perənts] [ər] ['getɪŋ] [dɪ'vɔːrst]
- He has to move out of his house.
  [hi] [hæs] [tə] [muːv] [aʊt] [əv] [ɪz] [haʊs]
- They told him last week.
  [ðeɪ] [toʊld] [ɪm] [læst] [wiːk]
- That sucks.
  [ðæt] [sʌks]
- He'll get used to it.
  [hil] [get] [juːst] [tuː] [ɪt]
- Half of my friends' parents are divorced.
  [hæf] [əv] [maɪ] [frendz] ['perənts] [ər] [dɪ'vɔːrst]

参考译文

- 我朋友雅各布的父母要离婚了。
- 他不得不搬出他的房子。
- 他们上周告诉他的。
- 这糟透了。
- 他会习惯的。
- 我朋友的父母有一半都离婚了。

跟读提示

My friend Jacob's parents are getting divorced.↘

He has to move out of his house.↘

They told him last week.↘

That sucks.↘

He'll get used to it.↘

Half of my friends' parents are divorced.↘

重难点点拨

1）has to 弱读为[hastə]；

2）在 told him 中，him 中的[h]击穿，不发音，和 told 连读为[ˈtəʊldɪm]。

知识加油站

1）divorce [dɪˈvɔːrs] *n.*/*v.* 离婚（高中/CET4/CET6/考研/TOEFL）

get a divorce 离婚

Numerous marriages now end in divorce. 现在许多婚姻都以离婚告终。

She's divorcing her husband. 她正在与丈夫闹离婚。

2）suck [sʌk] *v.* 吸吮；糟糕（高中/CET4/CET6/考研/IELTS）

suck orange juice 喝橙汁

Man，this job sucks. 哥们，这工作糟透了。

Unit 38 实战演练 38

听录音，写出你听到的内容

根据提示词，听录音，补充你听到的内容

- Why ____ ____ ____ ____ ____?
- If anything happened ____ ____, ____ ____ ____ ____ ____.
- ____ doomed.
- Get ____ ____ ____ ____. Oops.

跟读录音

- Why isn't the queen doing anything?
  [waɪ] [ˈɪznt] [ðə] [kwiːn] [ˈduːɪŋ] [ˈeniθɪŋ]
- If anything happened to her, everything is going to rot.
  [ɪf] [ˈeniθɪŋ] [ˈhæpənd] [tuː] [ər] [ˈevriθɪŋ] [ɪz] [ˈɡoʊɪŋ] [tə] [rɑːt]
- We're doomed.
  [wɪr] [duːmd]
- Get a hold of yourself. Oops.
  [ɡet] [ə] [hoʊld] [əv] [jərˈself] [ʊps]

参考译文

- 为什么女王不做点什么？
- 如果她有什么不测，一切都完了。
- 我们完蛋了。
- 哎，淡定点。

跟读提示

Why isn't the queen doing anything?↘

If anything happened to her,↘

everything is going to rot.↘

We're doomed.↘

Get a hold of yourself.↘ Oops.

重难点点拨

在 If anything happened to her 中，to 没有弱读，因为把 her 中的[h]击穿后可以形成“元音+元音”式连读。to her 的实际发音为['tuːwər]。

知识加油站

1）rot [rɑːt] *v*.（使）腐烂　*n*.腐朽，腐烂（高中/CET6/考研/IELTS）
The house was riddled with dry rot. 这座房屋因木材干腐而变得千疮百孔。

2）doom [duːm] *v*.注定；使失败 *n*.厄运；死亡（CET4/CET6/考研/IELTS）
Why are people so full of gloom and doom? 人们的心里为什么满是悲观失望？

Unit 39 实战演练 39

听录音，写出你听到的内容

根据提示词，听录音，补充你听到的内容

- ____ ____ what? ____ ____ open ____ ____ ____ ____.
- No, no. That's ____ ____ ____.
- ____ ____ ____? Raised ____ ____ ____ ____ wolves?
- ____ ____ ____.
- Honey, ____ ____ completely ____ ____ Denise.
- ____ ____?

跟读录音

- You know what? I'm gonna open a bottle of wine.
  [jə] [noʊ] [wʌt] [aɪm] ['gɔːnə] ['oʊpən] [ə] ['baːtl] [ə] [waɪn]
- No, no. That's the worst idea.
  [noʊ] [noʊ] [ðæts] [ðə] [wɜːrst] [aɪ'diːə]
- What am I? Raised by a pack of wolves?
  [wʌt] [əm] [aɪ] [reɪzd] [baɪ] [ə] [pæk] [əv] [wʊlvz]
- Come on now. [kʌm] [ɑːn] [naʊ]
- Honey, you weren't completely wrong about Denise.
  ['hʌni] [jə] [wɜːrnt] [kəm'pliːtli] [rɔːŋ] [ə'baʊt] [də'niːz]
- How's that? [haʊz] [ðæt]

参考译文

- 你知道吗？我打算开一瓶红酒。
- 不，不要。那是最糟糕的主意。
- 我是怎么了？我是被狼群养大的吗？
- 别闹了。
- 亲爱的，你对丹尼斯的判断也不是完全没有道理。
- 为什么这么说？

跟读提示

You know what? ↗ I'm gonna open a bottle of wine. ↘

No, no. ↘ That's the worst idea. ↘

What am I? Raised by a pack of wolves? ↗

Come on now. ↘

Honey, you weren't completely wrong about Denise. ↘

How's that? ↘

重难点点拨

gonna 为 going to 的非正式缩读形式。口语中有很多非正式缩读，例如：want to = wanna，have to = hafta，kind of = kinda，got to = gotta，out of = outta。

知识加油站

1）raise [reɪz] v. 提高；养育；筹集

2）a pack of 一群；一包；一盒

Unit 40 实战演练 40

听录音，写出你听到的内容

根据提示词，听录音，补充你听到的内容

- ____ ____ ____ charge now，____ ____ ____?
- ____ ____ figured ____ ____ ____ can stand up，____ ____ ____ ____.
- ____ ____ ____ ____ ____ lately. Okay?
- ____ ____ that's ____ ____.
- ____ either ____ ____ ____ ____ ____ bother ____ ____ ____.

跟读录音

- So you're in charge now，is that it?
  [soʊ] [jər] [ɪn] [tʃɑːrdʒ] [naʊ] [ɪz] [ðæt] [ɪt]
- I just figured if my daughter can stand up，then so can I.
  [aɪ] [dʒʌst] ['fɪgjərd] [ɪf] [maɪ] ['dɔːtər] [kən] [stænd] [ʌp] [ðen] [soʊ] [kən] [aɪ]
- We've all been working hard lately. Okay?
  ['wiv] [ɔːl] [bɪn] ['wɜːrkɪŋ] [hɑːrd] ['leɪtli] [ˌoʊ'keɪ]
- But that's the job. [bət] [ðæts] [ðə] [dʒɑːb]
- So either come in tomorrow or don't bother coming back again.
  [soʊ] ['aɪðər] [kʌm] [ɪn] [tə'mɔːroʊ] [ɔːr] [doʊnt] ['bɑːðər] ['kʌmɪŋ] [bæk] [ə'gen]

参考译文

- 你的意思是，这件事你说了算？
- 我刚意识到，既然我女儿能站起来，我也应该起身反抗。
- 好了，最近大家加班都很辛苦。
- 但那是工作性质决定的。
- 因此你要么明天不来，要么就永远不用来了。

跟读提示

So you're in charge now, ↘ is that it? ↗

I just figured if my daughter can stand up, ↘

then so can I. ↘

We've all been working hard lately. ↘ Okay? ↗

But that's the job. ↘

So either come in tomorrow // or don't bother coming back again. ↘

重难点点拨

1）daughter [ˈdɔːtər]（美）[ˈdɔːtə]（英）

2）单词 lately 内部可以失去爆破，读的时候注意[t]不要读得太重。

知识加油站

1）charge [tʃɑːrdʒ] *v*. 收费

How much do you charge for the cup?

charge [tʃɑːrdʒ] *n*. 负责

be in charge 负责

Who's in charge here? 这里谁负责?

2）figure [ˈfɪgjər] 计算，认为

figure out 想出，计算出，解决

I can't figure it out. 我算不出来。/我想不出来。

figure out a problem 解决问题

Unit 41 实战演练 41

听录音，写出你听到的内容

根据提示词，听录音，补充你听到的内容

- ____ Steven ____ Stefan...
- ____ ____ horrible.
- ____ ____ make you a cocktail.
- ____ ____ go.
- ____ ____ ____ his head in later.

跟读录音

- Unlike Steven and Stefan...
  [ʌn'laɪk] ['stiːvn] [ænd] ['stefn]
- That is horrible.
  [ðæt] [ɪz] ['hɔːrəbl]
- I'm gonna make you a cocktail.
  [aɪm] ['gənə] [meɪk] [juː] [ə] ['kɑːkteɪl]
- I'm gonna go.
  [aɪm] ['gənə] [goʊ]
- I'm gonna bash his head in later.
  [aɪm] ['gənə] [bæʃ] [ɪz] [hed] [ɪn] ['leɪtər]

参考译文

- 不像史蒂文和史蒂芬……
- 那太糟糕了。
- 我给你倒杯鸡尾酒。
- 我要走了。
- 我等下要打他的头。

跟读提示

Unlike Steven and Stefan...↘

That is horrible.↘

I'm gonna make you a cocktail.↘

I'm gonna go.↘

I'm gonna bash his head in later.↘

重难点点拨

gonna 为 going to 的非正式缩写。

I'm going to = I'm gonna

she's going to = she's gonna

he's going to = he's gonna

it's going to = it's gonna

they're going to = they're gonna

需要注意的是，由于 I'm gonna 在口语中出现的频率极高，美国人经常把 gonna 中的 g 去掉，然后和 I'm 连读，最后的发音为 [ˈaɪmənə]。

知识加油站

cocktail [ˈkɑːkteɪl] *n*. 鸡尾酒（cock 公鸡 + tail 尾巴）

Unit 42 实战演练 42

听录音，写出你听到的内容

根据提示词，听录音，补充你听到的内容

- ____ judge ____ ____ ____ ____ ____ ____ ____.
- ____ ____ four ____ ____.
- God, ____ ____ ____ survive ____?
- Girls ____ ____ ____ ____ cake. ____ ____ ____ boy.

跟读录音

- Don't judge me until you've had a teenage girl.
  [doʊnt] [dʒʌdʒ] [mi] [ən'tɪl] [jəv] [hæd] [ə] ['tiːneɪdʒ] [gɜːrl]
- I've had four of them.
  [aɪv] [hæd] [fɔːr] [əv] [əm]
- God, how did you survive that?
  [gɑːd] [haʊ] [dɪd] [jə] [sər'vaɪv] [ðæt]
- Girls were a piece of cake. It was the boy.
  [gɜːrlz] [wər] [ə] [piːs] [əv] [keɪk] [ɪt] [wəz] [ðə] [bɔɪ]

参考译文

- 等你有这么个青春期的女儿再来评判我。
- 我有四个。
- 天哪，你是怎么熬过来的？
- 女儿还好对付。让我头疼的是儿子。

跟读提示

Don't judge me until you've had a teenage girl.↘

I've had four of them.↘

God, how did you survive that?↗

Girls were a piece of cake.↘ It was the boy.↘

重难点点拨

of them 中的 them 吞音弱读为［əm］，此时 of them 为“辅音 + 元音”式连读。

知识加油站

1）judge［dʒʌdʒ］*n*. 法官，裁判员 *v*. 评价，审判（高中 /CET4 /CET6）

He is a judge. 他是一名法官。

Don't judge me. 不要审判我。

2）survive［sər'vaɪv］*v*. 存活，生存（高中 /CET4 /CET6 /考研 /GRE /TOEFL）

She survived the attack. 她在袭击中幸免于难。

Unit 43 实战演练 43

听录音，写出你听到的内容

根据提示词，听录音，补充你听到的内容

- ____ ____ ____ ____ anymore.
- OK, ____ ____ ____; ____ ____.
- Mom, ____ ____ ____.
- ____ ____ ____ ____ of god, ____ ____ ____ ____ ____ ____ ____ ____.
- Coward.

跟读录音

- I can't take it anymore.
  [aɪ] [kænt] [teɪk] [ɪt] [ˌeniˈmɔːr]
- OK, it's not singing; it's screaming.
  [ˌoʊˈkeɪ] [ɪts] [nɑːt] [ˈsɪŋɪŋ] [ɪts] [ˈskriːmɪŋ]
- Mom, I love you.
  [mɑːm] [aɪ] [lʌv] [juː]
- But for the love of god, destroy that thing before it destroys this family.
  [bət] [fər] [ðə] [lʌv] [əv] [gɑːd] [dɪˈstrɔɪ] [ðæt] [θɪŋ] [bɪˈfɔːr] [ɪt] [dɪˈstrɔɪz] [ðɪs] [ˈfæməli]
- Coward. [ˈkaʊərd]

参考译文

- 我再也受不了了。
- 这么说吧，那不是在唱歌，而是在尖叫。
- 妈妈，我爱您。
- 但看在上帝的份上，在它毁了这个家庭之前毁掉它。
- 懦夫。

跟读提示

I can't take it anymore.↘

OK，it's not singing;↘ it's screaming.↘

Mom,↗ I love you.↘

But for the love of god,↘ destroy that thing

before it destroys this family.↘

Coward.↘

重难点点拨

1）I can't take it anymore. can't 中的[t]失去爆破，发音感觉更像 [kæn]，失去爆破之后，大家可能分不清 can't 和 can。其实这两个音的区别很大，can't 中的 a 发[æ]，can't 表示否定，属于重要信息，一般会重读；而 can 表示肯定，为非重要信息，一般会弱读为 [kən]；

2）coward 意为“胆小鬼”，单词内部会出现“元音 + 元音”式连读，实际发音为['kaʊwərd]。

知识加油站

1）scream [skriːm] *v*. 尖叫；呼啸；发出尖锐刺耳的声音（CET4 /TEM4）

Hilda let out a scream. 希尔达发出了一声尖叫。

2）coward ['kaʊərd] *n*. 懦夫，懦弱的人 *adj*. 胆小的，懦弱的（CET4 /TEM4）

You coward! What are you afraid of? 你这胆小鬼！你怕什么呢？

Unit 44 实战演练 44

听录音，写出你听到的内容

根据提示词，听录音，补充你听到的内容

- ____ ____ ____ ____ ____, Bella.
- ____ ____ born ____ ____. ____ ____ ____ ____.
- ____ ____ ____ hypocrite.
- ____, ____ ____ ____ ____ ____ ____ monster for you?
- ____ ____ what you are.

跟读录音

- It's not a lifestyle choice, Bella.
  [ɪts] [nɑːt] [ə] [ˈlaɪfstaɪl] [tʃɔɪs] [ˈbelə]
- I was born this way. I can't help it.
  [aɪ] [wəz] [bɔːrn] [ðɪs] [weɪ] [aɪ] [kænt] [help] [ɪt]
- You're such a hypocrite.
  [jər] [sʌtʃ] [ə] [ˈhɪpəkrɪt]
- What, I'm not the right kind of monster for you?
  [wʌt] [aɪm] [nɑːt] [ðə] [raɪt] [kaɪnd] [əv] [ˈmɑːnstər] [fɔːr] [juː]
- It's not what you are.
  [ɪts] [nɑːt] [wʌt] [juː] [ɑːr]

参考译文

- 这不是选择生活方式，贝拉。
- 我生来如此。没有选择。
- 你真是个伪君子。
- 怎么，你不能接受我这种怪物吗？
- 这与你是谁无关。

跟读提示

It's not a lifestyle choice, Bella.↘

I was born this way. I can't help it.↘

You're such a hypocrite.↘

What, I'm not the right kind of monster for you? ↗

It's not what you are.↘

重难点点拨

1）I was born this way. 在语速很快的情况下，当[ð]（th）紧接在鼻音[n]后面时，舌头会来不及伸出来，所以听不到咬舌音[ð]，而是直接把舌头贴在上齿龈发出[ð]的音；

2）在 hypocrite 中，字母 y 的发音为[ɪ]。一般而言，字母 y 发[j]/[i]/[aɪ]，所以需要特别注意；

3）在 What，I'm not the right kind of monster for you? 中，说话人的语速特别快，所以 what 和 I 之间形成了"辅音 + 元音"式连读。但是，这里也可以划分意群，不连读。注意：初学者最好在 what 后面停顿。

知识加油站

hypocrite [ˈhɪpəkrɪt] *n*. 伪君子（CET4/CET6/TEM8/GRE）

The magazine wrongly suggested he was a liar and a hypocrite.

该杂志错误地暗示他是个骗子和伪君子。

Unit 45 实战演练 45

听录音，写出你听到的内容

根据提示词，听录音，补充你听到的内容

- ____ ____ ____ ____ ____ ____ ____, OK, dork?
- Relax, ____ ____ ____ ____ ____ ____ ____ sweater.
- More than anything, ____ ____ ____ ____ ____ ____ ____ ____ ____ ____.
- ____ ____ ____ ____ ____ ____ ____ ____ ____ ____ ____ ____ gossip about boys.
- ____ ____ ____ ____ ____ ____ Mitchell.

跟读录音

- You'd better not spill anything on that, OK, dork?
  [juːd] [ˈbetər] [nɑːt] [spɪl] [ˈeniθɪŋ] [ɑːn] [ðət] [ˌoʊˈkeɪ] [dɔːrk]
- Relax, half the 11th grade's been inside this sweater.
  [rɪˈlæks] [hæf] [ðiː] [ɪˈlevnθ] [ɡreɪdz] [bɪn] [ɪnˈsaɪd] [ðɪs] [ˈswetər]
- More than anything, I want my girls to stop fighting and be close.
  [mɔːr] [ðən] [ˈeniθɪŋ] [aɪ] [wɑːnt] [maɪ] [ɡɜːrlz] [tə] [stɑːp] [ˈfaɪtɪŋ] [n] [biː] [kloʊz]

参考译文

- 你最好别把东西洒在上面，好吗，笨蛋？
- 别紧张，11 年级一半的学生都穿过这件毛衣。
- 最重要的是，我希望我的女儿们停止争斗，亲近一些。

- I want them to share clothes and do each other's hair and gossip about boys.
  [aɪ] [wɑːnt] [ðem] [tə] [ʃer] [kloʊz] [n] [duː] [iːtʃ] ['ʌðərz] [her] [n] ['ɡɑːsɪp] [ə'baʊt] [bɔɪz]
- 我想让她们分享衣服，相互编头发，聊男孩的八卦。
- Like I used to do with Mitchell.
  [laɪk] [aɪ] [juːst] [tə] [duː] [wɪð] ['mɪtʃəl]
- 就像我以前和米切尔一样。

跟读提示

You'd better not spill anything on that,↘ **OK, dork?**↗
Relax,↘ **half the 11th grade's been inside this sweater.**
More than **anything,**↗ **I want my girls** to **stop fighting**↗ and **be close.**↘
I want them to **share clothes**↗ and **do each other's hair**↗ and **gossip about boys.**↘
Like I used to **do with Mitchell.**↘

重难点点拨

1）You'd better do sth 意为"你最好做某事"，在日常口语中使用非常频繁。you'd 和 better 之间会完全失去爆破，you'd 中的[d]经常听不到，但是大家一定不要遗漏"'d"。

2）anything on that 较难听懂，此处的 that 弱读；此外，[ð]（th）紧跟在[n]后面，直接贴着上齿龈发出，听起来好像没有发音，on that 听起来像['ɑːnət]。

知识加油站

1）dork [dɔːrk] *n*. 笨蛋，呆子

2）spill [spɪl] *v*. 溅出，溢出（高中 /CET4 /CET6 /考研 /TOEFL /IELTS）
He always spilled the drinks. 他总是不小心把饮料给洒了。

3）gossip ['ɡɑːsɪp] *v*. 闲聊（高中 /CET4 /CET6 /考研 /TOEFL /IELTS）
He spent the first hour talking gossip. 他头一个小时在说人闲话。

Unit 46 实战演练 46

听录音，写出你听到的内容

根据提示词，听录音，补充你听到的内容

- Hey, ____ ____ ____ ____ ____ ____ ____ 40.
- ____ ____ ____ ____ ____ ____ ____ ____ ____ ____ ____ model.
- ____ ____ ____, buddy?
- ____ ____ ____ beautiful day. ____ ____ ____ ____ ____ ____ ____?
- Because ____ ____ ____ ____ ____ ____, ____ ____ ____ ____ ____ ____ ____ think about ____ again.

跟读录音

- Hey, pretty soon you're gonna be north of 40.
  [heɪ] ['prɪti] [suːn] [jər] ['gənə] [bɪ] [nɔːrθ] [əv] ['fɔːrti]
- And I'm gonna have to trade you in for a newer model.
  [n] [aɪm] ['gənə] [hæf] [tə] [treɪd] [jə] [ɪn] [fər] [ə] [nuːər] ['mɑːdl]
- Am I right, buddy?
  [əm] [aɪ] [raɪt] ['bʌdi]
- It's such a beautiful day. Why do we have to do this?
  [ɪts] [sʌtʃ] [ə] ['bjuːtɪfl] [deɪ] [waɪ] [də] [wi] [hæf] [tə] [duː] [ðɪs]

参考译文

- 嘿，你很快就四十多岁了。
- 我得把你换成一个新型号的。
- 我说得对吗，伙计？
- 今天天气真好。我们为什么要这么做？

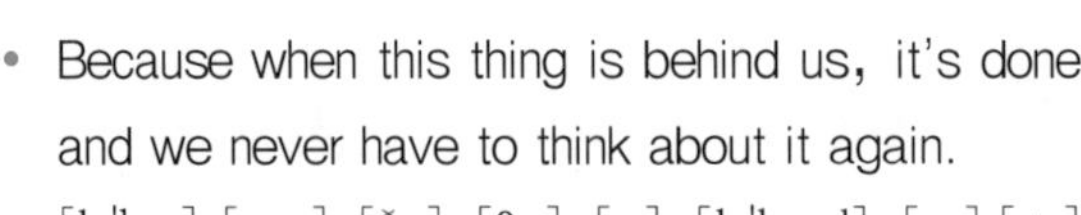

- Because when this thing is behind us, it's done and we never have to think about it again.
  [bɪ'kɔːz] [wen] [ðɪs] [θɪŋ] [ɪz] [bɪ'haɪnd] [ʌs] [ɪts] [dʌn] [n] [wi] ['nevər] [hæf] [tə] [θɪŋk] [ə'baʊt] [ɪt] [ə'gen]

- 因为等这件事过去了，一切就都结束了，我们再也不用想这件事了。

跟读提示

Hey, pretty soon you're gonna be north of 40.↘

And I'm gonna have to trade you in for a newer model.↘

Am I right, buddy?↗

It's such a beautiful day.↘

Why do we have to do this?↘

Because when this thing is behind us,↗

it's done and we never have to think about it again.↘

重难点点拨

1）在日常口语中，I'm gonna 中的 g 经常被省略，形成“辅音 + 元音”式连读，发音为 ['aɪmənə]；

2）newer 这个单词内部会出现“元音 + 元音”式连读，实际发音为 [nuːwər]。

3）behind us 连读后，会形成“[nd] + 元音”组合。前文讲解“t 的特殊发音”时提过，在“[nt] + 元音”中，[t]会被吞掉。由于[d]和[t]为一组清浊辅音，发音时口型相同，所以，[d]可以吞音。在 behind us 中，[d]被吞掉了，behind us 直接读为 [bɪ'haɪnʌs]。

知识加油站

1）model['mɑːdl]（美）['mɒdl]（英）*n.* 模型，模特（高中 /CET4 /CET6 /考研 /IELTS）

I made a model out of paper and glue. 我用纸和胶水做了一个模型。

2）trade [treɪd] *v.* 交易，从事贸易（高中 /CET4 /CET6）

trade sth in 以（旧物）折价换取（同类新物）

Unit 47 实战演练 47

听录音，写出你听到的内容

根据提示词，听录音，补充你听到的内容

- Okay, now shift ____ drive.
- ____ ____ slowly ____ ____.
- I ____ ____ crossed a line.
- ____ ____ back on.

跟读录音

- Okay, now shift into drive.
  [oʊ'keɪ] [naʊ] [ʃɪft] ['ɪntə] [draɪv]
- Pull out slowly into traffic.
  [pʊl] [aʊt] ['sloʊli] ['ɪntə] ['træfɪk]
- I kind of crossed a line.
  [aɪ] [kaɪnd] [ə] [krɑːst] [ə] [laɪn]
- Put him back on.
  [pʊt] [ɪm] [bæk] [ɑːn]

参考译文

- 好的，切换到前进挡。
- 慢慢开进车道。
- 我有点越界了。
- 让他接吧。

跟读提示

Okay,↘ now shift into drive.↘
Pull out slowly into traffic.↘
I kind of crossed a line.↘
Put him back on.↘

重难点点拨

1）kind of 的非正式缩写形式为 kinda，of 可以弱化为[ə]，当“[nd]＋元音”组合出现时，[d]可吞音，kinda 的实际发音为[kaɪnə]；

2）在 Put him back on 中，him 中的[h]通常击穿，然后 put him 形成“辅音＋元音”式连读。

知识加油站

1）shift [ʃɪft] *n.* 转换，变换；轮班 *v.* 移动，改变（高中 /CET4 /CET6 /考研 /TOEFL /IELTS）

the night shift 晚班

the day shift 白班

Are you on the night shift or the day shift? 你值白班还是值夜班?

2）cross a line 越界

Unit 48 实战演练 48

听录音，写出你听到的内容

根据提示词，听录音，补充你听到的内容

- ____ one ____ ten.
- ____.
- But you ____ ____ ____ ____ ____ ____.
- ____ ____ ____ me.
- Terms already ____ ____, huh?

跟读录音

- For one and ten.
  [fər] [wʌn] [ən] [ten]
- Deal.
  [diːl]
- But you got to sign it right now.
  [bət] [jə] [gɑːt] [tə] [saɪn] [ɪt] [raɪt] [naʊ]
- In front of me.
  [ɪn] [frʌnt] [ə] [mi]
- Terms already drawn up, huh?
  [tɜːrmz] [ɔːl'redi] [drɔːn] [ʌp] [hʌ]

参考译文

- 要一个点和十个点。
- 成交。
- 但你得现在签合同。
- 当着我的面。
- 条款早就起草好了，对吧？

跟读提示

For one and ten.↘
Deal.↘
But you got to sign it right now.↘
In front of me.↘
Terms already drawn up, huh?↘

重难点点拨

1）在 in front of me 中，of 后面的单词以辅音[m]开头，所以 of 直接弱化为[ə]。front of 连起来之后形成“[nt]+元音”组合，此时[t]经常被吞掉，in front of 最终的实际发音为[ɪn'frʌnə]；

2）but you 发生音变：[t]+[j]→[tʃ]。

知识加油站

1）term 表示“条款”时，一般以 terms 的形式出现；

2）draw up 意为“起草”；

3）“Terms already drawn up.”是口语化的表述，不符合语法规则。完整表述为：The terms have already been drawn up.

类似表述如下：

The bills have all been paid.（=Bills all paid.）

The kids have all been fed.（=Kids all fed.）

The candy has all been eaten.（=Candy all eaten.）

Unit 49 实战演练 49

听录音，写出你听到的内容

根据提示词，听录音，补充你听到的内容

- Just ____ ____ ____.
- I ____ do that. ____ ____ too much.
- You both ____.
- It doesn't ____ ____ ____ this way.
- ____ ____ no choice.
- Times ____ ____.
- Scaring ____ ____ anymore.

跟读录音

- Just leave her alone.
  [dʒʌst] [liːv] [ər] [əˈloʊn]
- I can't do that. She's seen too much.
  [aɪ] [kænt] [duː] [ðæt] [ʃiz] [siːn] [tuː] [mʌtʃ]
- You both have.
  [jə] [boʊθ] [hæv]
- It doesn't have to be this way.
  [ɪt] [ˈdʌzt] [hæv] [tə] [bi] [ðɪs] [weɪ]
- I have no choice.
  [aɪ] [hæv] [noʊ] [tʃɔɪs]

参考译文

- 离她远点儿。
- 我做不到。她知道的太多了。
- 你们俩都是。
- 并非一定如此。
- 我别无选择。

- Times have changed.
  [taɪmz] [əv] [tʃeɪndʒd]
- Scaring isn't enough anymore.
  ['skerɪŋ] ['ɪznt] [ɪ'nʌf] [ˌeni'mɔːr]

- 时代变了。
- 恐吓已经不够了。

跟读提示

Just leave her alone.↘
I can't do that.↘ She's seen too much. ↘
You both have.↘
It doesn't have to be this way.↘
I have no choice.↘
Times have changed.↘
Scaring isn't enough anymore.↘

重难点点拨

1）在口语中，have to 经常缩写为 hafta，读为['hæftə]，这是因为 to 被弱读为[tə]，而 have 的发音为[hæv]，[v]被后面的清辅音[t]同化了，实际发音变为了[hæf]；
2）Times have changed. have 为助动词，在此处帮助构建现在完成时，故弱读，[h]击穿。这样一来，times 就与 have 形成了"辅音 + 元音"式连读；
3）isn't enough 形成了"[nt] + 元音"组合，因此[t]可吞音。isn 直接和 enough 形成"辅音 + 元音"式连读。

知识加油站

leave sb alone 让某人静一静

Unit 50 实战演练 50

听录音，写出你听到的内容

根据提示词，听录音，补充你听到的内容

- Maybe we should ____ ____ ____ ____.
- No，not ____ ____.
- Baby，listen，____ ____ ____ ____.

跟读录音

- Maybe we should just call it off.
  ['meɪbi] [wi] [ʃəd] [dʒʌst] [kɔːl] [ɪt] [ɑːf]
- No，not a chance.
  [noʊ] [nɑːt] [ə] [tʃæns]
- Baby，listen，this is our time.
  ['beɪbi] ['lɪsn] [ðɪs] [ɪz] [ɑːr] [taɪm]

参考译文

- 也许我们应该直接取消。
- 没门。
- 亲爱的，听着，这是我们的时光。

跟读提示

Maybe we should just call it off.↘

No, not a chance.

Baby,↗ listen,↘this is our time.↘

重难点点拨

1）以下单词的英式发音和美式发音不一样，需要注意：

英	美
chance [tʃɑːns]（英）	[tʃæns]（美）
dance [dɑːns]（英）	[dæns]（美）
France [frɑːns]（英）	[fræns]（美）
answer [ˈɑːnsə]（英）	[ˈænsər]（美）
advance [ədˈvɑːns]（英）	[ədˈvæns]（美）

2）our 既可以读作 [ˈaʊər]，也可以读作 [ɑːr]。在美语日常口语中，地道母语者经常读后者，因为发音更轻松，也可以让后面的名词更好地得以突出。

知识加油站

1）call off 取消

2）not a chance 相当于 no way，意为“不可能”